Heinrich Hansjakob

Das Narrenschiff unserer Zeit

Heinrich Hansjakob

Das Narrenschiff unserer Zeit

ISBN/EAN: 9783743374812

Hergestellt in Europa, USA, Kanada, Australien, Japan

Cover: Foto ©ninafisch / pixelio.de

Manufactured and distributed by brebook publishing software (www.brebook.com)

Heinrich Hansjakob

Das Narrenschiff unserer Zeit

„Das Narrenschiff unserer Zeit"

von

Hans am See.

„Sie werden wol die läng' nit faren
Inen wird bald brechen schiff und karren."
Sebastian Brant.

Mainz,
Verlag von Franz Kirchheim.
1873.

Mainz, Druck von Florian Kupferberg.

I.

Sebastian Brant. Seine Zeit und unsere Zeit.

Als Freiherr Otto von Bismarck im Jahre 1849, revolutionär-liberalen Angedenkens, den Ausspruch that: „Ich hoffe noch zu erleben, daß das Narrenschiff unserer Zeit an dem Felsen der Kirche zerschellen wird," da hat der damals noch kleine Mann wohl nicht gedacht, daß diese trefflichen Worte zum Sprichwort werden sollten — in einer Zeit, wo er selbst am wenigsten gerne an jenen Ausspruch erinnert wäre. Wir sind nämlich der Ueberzeugung, daß die Erinnerung an jene „divina satyra"[1] dem Fürsten Otto von Bismarck unangenehm ist. Wir sagen unangenehm, aber nicht, als ob wir den Fürsten irgendwie in geistige Verwandtschaft mit den „lustigen Seeleuten" bringen wollten, sondern unangenehm, weil das Narrenschiff unserer Zeit in Wassern fährt, aus denen mit seiner Hilfe der große Varziner zu fischen gedenkt und schon gefischt hat. Darum läßt er dem Schiffe nicht nur seinen Lauf, sondern bläst ihm noch stets frischen Wind zu, und wenn er auch viel zu gescheidt ist, um nicht zu wissen, daß die „narrechten" Grundsätze, von denen das Schiff voll ist, einmal zum Schiffbruche kommen, so kümmert ihn das blutwenig; wenn es nur hält, so lange er fischen will und so lange er die Schiffsleute braucht, um ihm zu helfen bis er fertig sein wird.

---

[1] Göttliche, prophetische Satyre.

Aber unendlich wahr bleibt dieser „prophetische Witz" Otto's eben doch und verdient es, etwas näher analysirt zu werden. Und da wir am Meere wohnen, sogar am „deutschen Meere", täglich unter unseren Augen zahlreiche Schiffe vorübersegeln, und uns gegenüber gewaltige Felsen in die See und auf die Schifflein herabschauen, so schwebt uns das Bild vom Fels und Narrenschiff stets vor, und die Gedanken, die wir hiebei schon gemacht, wollen wir hier wieder geben. War es ja schon zu Zeiten des Horatius unter heidnischer Kaiserei, die weder Preßfreiheit noch „gleiches Recht für Alle" hatte, erlaubt ridentem dicere verum [1]; um wie viel mehr wird dies gestattet sein in unseren Tagen, deren freiheitliche Errungenschaften zahllos sind?! Und dann hat ja nicht ein Vaterlandsloser das alte Narrenschiff Sebastian Brant's in unserer Zeit wieder aufgetakelt, einhersegeln' und scheitern lassen, sondern der eigentliche „Pater patriae" [2] hat die Bestrebungen und Wünsche der Menschen unserer Tage so getauft! Drum wird es auch vergönnt sein, ein wenig „Narro!" zu rufen, um so mehr, da wir hier feierlich erklären, nie die Personen, sondern nur die verschiedenen Thorheiten und Narrheiten unseres politischen Lebens im Auge zu haben, wie sie eben an uns vorüber dem Felsen zuschiffen, an dem sie — scheitern werden. Ich wohne nämlich nicht gar weit vom politischen Einsiedler — und dessen milde Anschauungen, wie er sie in seinen Glossen und Fegfeuergesprächen niedergelegt hat, sind, wenigstens was die Personen betrifft, auch auf mich übergegangen.

So gehen wir denn an's Narrenschiff, zunächst mit einem Rückblick auf den ersten Erfinder desselben, Sebastian Brant, auf seine Zeit und unsere Zeit, deren größter Mann das alte Narrenschiff so unübertrefflich passend neu hat aufleben lassen.

Wenn der alte Hans Sachs einmal sagt:

---
[1] Lachend die Wahrheit zu sagen. — [2] Vater des Vaterlandes.

Denn wie's vor tausend jahren war
Ist es auch heuer dieses jahr.
Was mißbreuch mit der zeit entstehn
Mit der zeit sie wider vergehn,

so hat der talentvolle Nürnberger Schuster, zugleich Deutschlands fruchtbarster Schriftsteller, damit kurz gesagt, daß die Thorheiten aller Zeiten sich ähneln und immer wiederkehren; Gleichwohl gibt es aber Zeiten, die vorzugsweise große Aehnlichkeit haben, Zeiten, die mehr als sonst namentlich Spott und Satyre wach rufen. Je ärmer eine Zeit ist an Ideen, an großartigen Geistesbewegungen; je verstimmter, ich möchte sagen, je unheimlicher einzelne Zeitmomente sind, um so mehr geben sie Stoff dem Satyriker. So war Brant's Zeit, so ist ähnlich — mögen auch die großen Geister unserer liberalen Tage es nicht gerne hören — Bismarck's Zeit. Wir lassen es auf die Probe ankommen:

Ich habe dieser Tage die neueste, in sprachlicher Hinsicht, vortreffliche Ausgabe von Brant's Narrenschiff von dem bekannten protestantischen Gelehrten Zarncke in die Hände bekommen. Zarncke bezeichnet nun Brant's Zeit, als jene Periode, „deren wesentlicher Inhalt darin bestehe, daß in ihr sich der gewaltsame Bruch der deutschen Nation mit der römischen Hierarchie vorbereitet, nachdem die Versuche, eine gesetzmäßige Ausgleichung herbeizuführen, an dem Egoismus und der Treulosigkeit der päpstlichen Politik gescheitert waren." Wahrlich, anders würde kaum der badische Abgeordnete Kiefer oder der nicht minder redselige Bankdirector aus Dendrosthenes Fegfeuer=Gesprächen den Charakter unserer Zeit geschildert haben. Deutsche Nation und römische Hierarchie sind ja die großen Schlagwörter der Gegenwart, und wie viel des Herrlichen und Staunenswerthen liegt nicht in jener, wie viel des Hasses und der Verachtung in dieser für die starken Seelen unserer deutsch=liberalen Geister! Ja der Egoismus der päpstlichen Politik, die nicht einmal einen Hohenlohe zum Botschafter des deutschen Reiches nimmt und nun statt dessen einen Lieutenant erhält; die Treulosigkeit des römischen Stuhles, der, während Alles vor dem Erfolg im Staube kriecht, von Steinchen spricht, die den Coloß an die Füße treffen — die müssen gebrochen werden! Drum auf an Bord!

In jener Zeit also, die in ihrer Hauptbestrebung so buchstäbliche Aehnlichkeit hat mit der unserigen, ward Sebastian Brant, des „güldenen Löwenwirths sohn" in Straßburg geboren; in jener Zeit lebte und wirkte er und schrieb — sein Narrenschiff!

Im Jahre 1475 bezog er die Universität Basel, da seine Vaterstadt noch keine hohe Schule hatte wie heute; Basel aber die hervorragendste Rolle unter Deutschlands Hochschulen einnahm. Brant studirte die Rechte, ein Studium, das in unserer Zeit, wo es so wenig Recht und so viele Gesetze gibt, für Charaktere wie Brant weniger zu empfehlen wäre. Es war damals ein großer Kampf zwischen zwei Parteien ausgebrochen, die in ihren Bestrebungen und in ihren Gegensätzen unseren beiden großen Fractionen ähnlich, die Ultramontanen und die Liberalen des fünfzehnten Jahrhunderts genannt werden können. Wir meinen die Realisten und die Nominalisten, von denen die einen für, die anderen gegen die römische Hierarchie kämpften. Tout comme chez nous[1])! Die Realisten waren die Ultramontanen, die Nominalisten die Liberalen; welch' letztere Bezeichnung um so mehr paßt, als Nomen identisch sein dürfte mit dem jetzt geläufigen Ausdrucke „Phrase!"

Eben war ein kühner Realist vulgo Ultramontaner aus Paris nach Basel gekommen, um, an der Spitze einer Schaar aufgeweckter Jünglinge und Männer, dem Nominalismus vulgo Liberalismus, der in Basel eine seiner Pflanzstätten

---

1) Alles wie bei uns!

hatte, auf den Leib zu gehen im eigenen Neste. Es war dies Johannes (Heynlin) a Lapide, von Geburt ein Deutscher, folglich, weil Realist, ein Vaterlandsloser, zu dessen Glück es aber damals noch keine §§ wegen Störung der öffentlichen Ruhe und Ordnung und noch keine Staatsanwälte gab. Der Herr Zarncke gibt aber dem Manne gleichwohl das Zeugniß, daß er „als tüchtiger consequenter Charakter erprobt, durch treffliche Eigenschaften berühmt und Rector der mater alma studii Parisiensis gewesen sei."

In diese Gesellschaft nun geräth unser Brant, wird Mitglied dieses „katholischen Männervereins" und damit, horribile dictu, ein Ultramontaner, ein Päpstlicher, ein Realist. Und was für einer. Mit Macht hatten sich die Nominalisten auf die papstfeindlichen Beschlüsse der Baseler und Constanzer Kirchenversammlungen geworfen, — ganz das Kehrbild von der Zeit des vaticanischen Concils — mit gleicher Macht aber kämpften die Realisten für die Auctorität des römischen Papstes. So namentlich zu Ende des Jahrhunderts die Realisten in Basel, Brant und seine Freunde. Zarncke faßt den Realismus dieser Männer kurz dahin zusammen: „er sei eine Uebersetzung des Nominalismus aus der frischen Lebensluft der Concilienzeit im Anfange des Jahrhunderts in die gedrückte Atmosphäre des absoluten Papstregiments zu Ende desselben gewesen." Besser läßt sich der Vergleich zwischen Ultramontanen und Realisten kaum bezeichnen und er trifft zu bis in die feinsten Schattirungen, wenn es weiter heißt: „Der Charakter jenes Kreises war der einer mehr oder weniger bewußten Resignation." Doch es kömmt noch schärfer und pikanter! Neben Johannes a Lapide, dem Meister, sind es besonders Brant, Geiler von Kaisersberg und Wimpheling, die jenem Kreise angehörten. Ueber die drei Letztgenannten nun sagt Zarncke, um sie vollständigst zu Ultramontanen zu machen, wörtlich Folgendes: „Man pflegt jene Männer, namentlich Geiler, Brant und Wimpheling wohl

Vorläufer¹) der Reformation zu nennen. Durchaus mit Unrecht, sobald man die Zwecke derselben in's Auge faßt. Ihre ganze Lebensthätigkeit war gerade der Stützung der katholischen Hierarchie gewidmet. Wie ernstlich müht sich nicht Geiler ab, alle Lehrsätze des Katholicismus zu beweisen und mundgerecht zu machen, wie ernsthaft kämpft Brant nicht nur für die Hauptsätze des Katholicismus, sondern auch für die absolute Gewalt des Papstes. Kaum kann man sich, im Angesichte der traurigen Folgen dieser Auffassung, eines Gefühles des Unwillens gegen jene Männer enthalten, trotz des unleugbar redlichen Willens derselben, wenn man erwägt, wie treffend die Lage der politischen Verhältnisse bereits durch Georg von Heimburg²), wie klar die Mängel des katholischen Lehrbegriffs schon von Johann Wessel³), die meistentheils in der unmittelbaren Nähe jener sich wenigstens eine Zeit lang bewegt hatten, dargelegt war."

Also helle Ultramontanen waren diese Männer und das ist unverzeihlich, daß ein Kopf wie Brant, der ein so epochemachendes, zu seinen Lebzeiten noch in alle Sprachen aller gebildeten Nationen übersetztes Werk wie das Narrenschiff geschrieben hat, ein Ultramontaner war!

1) Aehnlich wie Savanarola, der, ebenso unschuldig, als Statist dienen muß am Lutherdenkmal zu Worms.

2) Bekannter Jurist, Grobian und Vorläufer Luther's, der sich von verschiedenen kirchenfeindlichen Regierungen gegen die Kirche gebrauchen ließ, wie es ja auch in unseren Tagen an solchen juristischen Biedermännern nicht fehlt. Er starb ruhmlos und ruhelos 1472.

3) Wessel, genannt Gansfort, war altkatholischer Theolog und ebenfalls Vorlutheraner, war Fallibilist, da die „meisten Päpste pestilenzialisch geirrt hätten." Von seinen Freunden wurde er „Licht der Welt", von seinen Gegnern aber „Meister der Widersprüche" genannt. Der Mann hatte große Aehnlichkeit mit unserm Janus.

Aehnlich ward man in unseren Tagen dem jungen katholischen Dichter Schauffert gram und bedauerte in liberalen Blättern seinen Tod kaum, da „er dem Ultramontanismus verfallen war." — Sebastian Brant war ein großer Verehrer der Mutter Gottes und namentlich ein eifriger Vertheidiger der „Immaculata Conceptio [1]." Er schrieb hierüber ein herrliches Gedicht an den Domdekan Adelbert von Rottberg in Basel, worin er in glänzender Weise die Makulisten widerlegte. Die Immaculata Conceptio wurde vor wenigen Jahren als neuer Glaubenssatz verschrieen, wie heute die Infallibilität, und doch stritt man sich schon vor vier Jahrhunderten um Beide. Schon damals schrieb Wimpheling an den jugendlichen Kirchenstürmer Jakob Locher: Cupitne parum emunctae naris homo tantis patribus, qui in gubernanda universali ecclesia summo magnificentissimo pontifici Julio secundo assistunt suamque sanctitatem adjuvant, prudentior, doctiorque fieri?[2] Treffliche Worte, die gar vielen feuchten Jungen und Alten, die über die Väter des vaticanischen Concils mit germanischer Denkerschärfe zu Gericht sitzen, citirt werden sollten. Und Brant begegnet schon der boshaften Behauptung vieler Gegner der Infallibilität, daß man den Papst sündelos erklärt habe, mit den Worten:

„Daß der Papst nit sündigen müge
Das ist fürwahr wohl eitel Lüge."

Auch gegen die damaligen Altkatholiken, die Hussiten schrieb unser schwarzer Sebastian. Aber das waren wahrlich andere Leute die Hussiten, als unsere Neuprotestanten. Die

---

[1] Der unbefleckten Empfängniß.

[2] Am Ende will sich dieser unreife Mensch noch gescheidter und gelehrter machen, als die großen Väter, welche dem herrlichen Papste Julius II. in der Gesammtleitung der Kirche zur Seite stehen und Seine Heiligkeit unterstützen?

brachten eine ganze große und tapfere Nation auf ihre Seite, während die Altkatholischen es kaum zu einer ganzen halben Bauerngemeinde gebracht haben. Und ihr König, der Georg Podiebrad, hat auch etwas erfunden, was in unserer Zeit üppig in die Halme schießt, nämlich den modernen Staat. Nicht Friedrich der Große, wie man so gerne sagt und hört, sondern der Hussitenkönig ist der Erfinder der Idee des modernen Staates, wie der gelehrte Czeche Palacky genau nachgewiesen hat.

So waren Brant und seine Genossen Ultramontanen nach allen Seiten ihrer, der unserigen so ähnlichen, Zeit hin. Aber eben diese Jesuiten zu Ausgang des fünfzehnten Jahrhunderts waren auch die einzigen Träger der Wissenschaft. „Die Realisten sind es, man sollte es kaum glauben," sagt Zarncke, „denen wir die humanistischen Studien verdanken. Sie sind es gewesen, die in Deutschland zuerst ein ganz neues Bildungselement von der weitgreifendsten Bedeutung einführten — die classischen Sprachen." Ein großes Lob für diese Römlinge, die, Johannes a Lapide voran, unermüdlich waren, wahre und feine Bildung zu verbreiten, während ihre Gegner, die Nominalisten, schimpften und raisonnirten, wie ihre Gesinnungsgenossen noch heute. Ich will damit keineswegs sagen, daß wir Ultramontane lauter gescheidte Leute seien. Gott bewahre! Die Ultramontanen haben auch schon, sit venia verbo [1]), Dummheiten genug und wahrscheinlich nicht die letzten gemacht. Aber schauen wir einmal auf jene Seite, wo am meisten raisonnirt und geschwätzt und mit „deutschem Denken und Kraftgenie" um sich geworfen wird, schauen wir dorthin, wo die Wissenschaft ex officio betrieben wird, auf das Professorenthum — dort sieht es wahrlich „wüst und leer" aus in des Wortes vollster Bedeutung. Soldschreiberei, Solddenkerei und Soldschreierei! Nicht mit „Geist" wird da gekämpft, weil der fehlt, sondern

---

1) Mit Verlaub zu sagen.

mit „Macht", die eben dieser Tage wieder einer dieser „deutschen Denker" in Leipzig angerufen hat. Drum ist man nicht mit des Geisteswaffen gegen die geistig begabtesten Ultramontanen losgegangen, sondern mit denen des Gesetzes. Nein, meine Herren, Geist ist blutwenig auf Ihrer Seite und am allerwenigsten auf den Cathedern. Die wenigen Geister unserer Tage und unserer Errungenschaften haben Kürassierstiefel an und Sporen an den Stiefeln. Unsere Zeit ist darum auch, was Geistesbewegungen betrifft, nicht bloß mit Hinblick auf das sonstige Elend, eine „betrübte und armselige" Zeit. Oder man wird doch nicht die altkatholische Bewegung eine Geistesbewegung nennen wollen? Ueber die wollen wir kein Wort weiter verlieren; sie wird von den vielen Irrthümern unseres Zeitschiffes zuerst scheitern gehen oder richtiger, sie ist schon gescheitert. Brant's Zeit war verhältnißmäßig der unserigen gegenüber noch eine geistig viel höher stehendere, getrübt nur durch die liberalen Grundsätze und durch die leichtfertige Kirchenstürmerei, die damals begann und damit endigte, daß unser armes Deutschland in seiner Einheit des Glaubens zerrissen wurde, eine Wunde, an der es bis heute blutet. Christenthum und Politik sind seitdem Gegensätze geworden, während ihre Einheit im Mittelalter des deutschen Reiches Größe bedungen hatte. Man ist zwar bemüht in unseren Tagen diese Einheit wieder herzustellen, nachdem glänzende Siege die physische Kraft der Nation erprobt und geeiniget haben, aber diese Einheit soll gestützt werden auf eben jene Trennung vor drei Jahrhunderten und darum wird sie logischer Weise schon unmöglich. Deßhalb theilen wir durchaus nicht die Freude des Protestanten Zarncke, der sich ob des liberalen Treibens einiger jungen Gelehrten zu Brant's Zeit freut und sie „ein frischeres, freieres, aller Auctoritätensucht ein Schnippchen schlagendes, keck friboles Geschlecht" nennt. Noch viel weniger, und zwar nicht sowohl als Katholik, sondern auch — mögen die liberalen Patrioten auch lachen — als Freund des deutschen Vaterlandes, theilen wir Zarncke's Emphase, wenn er also fortfährt: „Mit Wohlgefallen und innerer Freude verweilt der Geschichtsschreiber an diesem Punkte. Ein Gefühl bemächtigt sich seiner, wie es nur der siegesgewisse Feldherr am Vorabende einer entscheidenden Schlacht haben kann, wenn er, die getroffenen Dispositionen im Geiste durchgehend, das Schauspiel des folgenden Tages siegesfroh an seinem Auge vorübergehen läßt. Die jugendlichen Streiter, die der Geist des weltgeschichtlichen Fortschritts unter seinem Panier gesammelt, stehen kampfgerüstet da, aber noch fehlt die Losung. Da tönt von Wittemberg her Luther's Aufruf, und nun nimmt die ganze Bewegung plötzlich Gehalt und Form an. So bestimmt, so tief aus dem Innersten begründend, hatte Niemand das, was Allen noth that, durchschaut. Es war als wäre der ganzen Bewegung erst jetzt die Seele eingehaucht. Es ist ein Schauspiel, wie die Geschichte kein zweites zu bieten hat."

Wir haben diese Worte hier aufgenommen, weil sie unendlich vielen Anklang an unsere Tage haben, und man sollte kaum glauben, daß Dr. Zarncke dieselben schon 1854 und nicht erst 1872 geschrieben hat. Aber nicht „mit Wohlgefallen und innerer Freude" können wir sie lesen und vergleichen, sondern mit Schmerz und Wehmuth. Denn was hat jenes keck frivole Geschlecht unter dem Panier des „weltgeschichtlichen Fortschrittes" dem Vaterlande gebracht? Zwietracht, blutige Zwietracht; durch Decennien hindurch verzehrte eine große Nation sich in Alles verheerendem Kriege unter dem Frohlocken des feindlichen Auslandes; die Reichsgewalt des Kaisers, das Imperium ward lahm gelegt und das heilige römische Reich deutscher Nation ging seiner Auflösung entgegen. Das waren die Früchte „der Wittemberger Losung!" Und jetzt?

Jetzt zieht abermals ein „feckes" Geschlecht unter gleichem

Panier mit ähnlicher Losung, die diesmal aus Pommern statt aus Sachsen tönt, zu Felde gegen Rom. Und die Früchte zeigen sich jetzt schon: Das kaum geeinte, auf blutigen Feldern geeinte Reich ist innerlich zerrissen, ohne Friede. An den Grenzen aber lauert voll Haß und Rache der Feind und freut sich des Haders.

Da boten denn die Zeiten der Befreiungskriege ein anderes Schauspiel dar, von welchem ein protestantischer Geschichtsschreiber also schreibt: „Ein schöner, freudiger Glaube an die sühnende Gottheit heiligte jene Jahre der Begeisterung. Auch die Fürsten beugten sich vor der höheren Macht, die sichtbar ihr Schicksal gewogen. In jener feierlichen Zeit schlossen daher die Monarchen von Rußland, Preußen und Oesterreich[1]) einen Bund zur Ehre Gottes und zum Segen der Völker, darin sie sich verpflichteten, fern von jeder verderblichen Politik, fortan nur den klaren Willen des höchsten Herrn aller Herren zu erfüllen und an Gottes Statt auf Erden zu walten für Friede, Tugend und Gerechtigkeit, wie es einem rechten Könige geziemt." Klingen diese Worte nicht wie warmes Frühlingswehen in unsere kalte, stürmische Zeit?

Wie anders dagegen lauten die Worte eines Katholikenfeindes, der ehe er zu Grabe ging, über die politischen Erfolge unserer Tage, zu Gericht saß. Wir meinen Gervinus. „Wie beneidenswerth," sagt der so gerühmte Historiker, „die Kriegsthaten des Jahres 1870 seien; dem der die Tagesgeschichte nicht mit dem Auge des Tages, sondern mit dem der Geschichte ansieht, erscheinen sie trächtig an unübersehbaren Gefahren, weil sie uns auf Wege führen, die der Natur unseres Volkes und was viel schlimmer ist, der Natur des ganzen Zeitalters durchaus zuwiderlaufen." Es ist gut, daß

---

1) Man vergleiche damit die Septembertage in Berlin im vergangenen Jahre.

diese Worte von keinem Ultramontanen kommen, denn den hätte man sonst sofort als schwarzen Verräther den Gerichten überliefert. Aber wenn einer nur sonst „von der Partei" ist, und kein Pfaffenfreund, dann darf er selbst „über die Partei" sagen, was er will. —

Wenn wir Sebastian Brant's Zeit weiter in Vergleich[1]) ziehen wollten mit der unserigen, so könnten wir noch anführen, daß Brant auch einen „richterlichen Klagespiegel" verfaßt hat, der uns namentlich als Spiegel im objectiven Sinn manch zeitgemäßes düsteres Klagebild vergleichend vorführen könnte. Allein da unsereiner bereits „mit des Geschickes Mächten" schon mehr als einen Bund geflochten hat und Brant die Menschen, die Alles sagen, was sie wissen und denken, für Narren hält, so wollen wir in Geduld bessere Zeiten abwarten.

   Der ist ein narr der ahnden will
   Darzu sonst jedermann swigt still.
   Wer reden will, so er nit soll
   Der fügt in narren orden wol.
   Mancher hat von sim reben freud,
   Dem doch daruß kommt schad und leid.
   Wer sin zung und sin mundt behüt,
   Der schirmt vor angst sel und gemüt.
   Der narr sin geist eins mols uffchütt'
   Der wis schwigt und wart' uff zit."

Wir hoffen von der Anführung dieser Verse Brant's die besondere Anerkennung unseres großen Respectes vor der Gerechtigkeit.

---

[1]) Wenn wir auch von einem Unterschiede zwischen Brant's Zeit und der unserigen reden wollten, so könnten wir sagen, daß zu Brant's Zeit die Neigungen und Leidenschaften noch offener zu Tag traten, während jetzt Alles polirter, übertünchter, polizeigemäßer ist; was wir unserer Zeit aber nichts weniger als zum Vorzug anrechnen.

Als ich vor zwei Jahren auf der Festung Rastatt saß
zur Sühne, weil ich obige Zeilen mißachtet, da hatte ich
einen Mitgefangenen, der täglich mit großem Pathos die
Worte declamirte:

Rastatt und das Amtsgericht
Sind keine schönen Oerter nicht,

und sich dabei jedesmal vornahm, „Treu' und Redlichkeit zu
üben bis an sein stilles Grab." Der gleiche Leidensgefährte
pflegte auch zu sagen: „Kinder und Narren dürften die
Wahrheit sagen, er wollte nun gern einmal ein Vierteljahr
ein Narr sein, wenn er nur die Wahrheit sagen dürfte."
Man sieht, die Wünsche der Sterblichen sind unersindlich,
aber unergründlich ist auch die Tiefe des Gesetzes, das die
Menschenkinder zu solchen Erfindungen verurtheilt.

Wir schließen unseren Vergleich zwischen der Zeit des
ersten Narrenschiffes und der des zweiten mit einer Klage
Brant's über seine Zeit und überlassen es dem kundigen
Leser den Vergleich zu ziehen zwischen der Germania von
damals und jetzt. Es sind herrliche Worte, Worte eines
Mannes, dem das Wohl seiner Nation am Herzen lag,
mehr, als einer ganzen Legion unserer patriotischen Schrei=
hälse: Quod autem hac nostra tempestate, corrupta
hominum natura, peccati labe multas heu quotidie
fraudes, dolos, insidias, versutias et deceptiones undi-
que, sed praecipue in hac nostra (quod in primis do-
leo) Germania: omnia divina et humana perturbari,
diripi, vastari, auferrique videmus: iure quoque ne an
iniuria id fiat, parvi referre, et ut sic proximitatis et
communionis inter nos vinculum societatisque disrumpi,
quid aliud arbitrari licet, quam et iuris et iustitiae
non modo ignorantiam sed et vilipendium nostros
obcaecare contribules totumque obnubilare orbem....
Quia tamen admodum paucos; vel (si fari liceat) pro-

fecto nullos invenimus, qui iuste, sancte, integre, decenter, aequalique lance praesideant, qui insidias arceant, discordias tollant, contumelias prohibeant, scelera et peccata debita severitate compescant, qui denique pro meritorum diversitate et bonis praemia et malis iusta supplicia inferant; nemo igitur miretur, si honestatem explosam, pudorem profugatum extorrem, innocentiam relegatam, iustitiam ceterasque illius comites proscriptas exterminatasque tempestate nostra cernere oporteat. Sic placitum est superis capiant ut secula finem per scelus atque nefas per mala multa fieri [1]).

---

1) Tagtäglich sehen wir in unserer Zeit, wo Alles verdorben und angefressen ist, aller Orten, vorzüglich aber gerade in unseren deutschen Landen (und dies schmerzt mich am meisten) Schwindel, Betrug, Hinterlist, Ränke und Täuschungen: die ganze göttliche und menschliche Ordnung umgestoßen, zerstört, über Bord geworfen und mit Füßen getreten; ob mit Recht oder Unrecht, das ficht Niemanden an; und wo das Band unserer gegenseitigen Zusammengehörigkeit, unseres bürgerlichen und gesellschaftlichen Lebens so zerschnitten wird, sollte man da schließlich nicht glauben, die Unkenntniß nicht allein, nein auch die Käuflichkeit des Rechtes und der Gerechtigkeit halte unsere Landsleute mit Blindheit geschlagen und umnachte die ganze Welt? Nur allzu Wenige (und wenn ich die Wahrheit reden darf), Niemanden gibt es, welcher gerecht, nach Pflicht und Gewissen, nach Ehre und Billigkeit regierte, vor Nachstellungen schützte, der Zwietracht ein Ende machte, die Schmähsucht zum Schweigen brächte; der die Verbrechen und Vergehen mit unnachsichtlicher Strenge ahndete, kurz verdientermaßen die Guten belohnte und die Bösen bestrafte. Deßhalb sollte es eigentlich Niemanden verwundern, wenn er sehen muß, wie in unserer Zeit die gute Sitte geschwunden, die Scham flüchtig gegangen, die Unschuld verbannt, die Gerechtigkeit nebst ihrem Gefolge vogelfrei erklärt und des Landes verwiesen ist. So steht es im Rathschlusse der Himmlischen, daß die Welt durch Verbrechen und Unrecht und die Zahl ihrer Schlechtigkeiten zu Grunde gehe.

Zum Abschlusse hier nur noch einen Gedanken:

Der kühnste Edelmann zur Zeit Brant's, ein Mann voll des größten Muthes, voll des weitgehendsten Geistes war Freiherr Franz von Sickingen. Selbstbewußt wie kaum einer seiner Zeitgenossen glaubte er sogar die Entscheidung über den Kaiserthron in seiner Hand, wie in unseren Tagen der eine oder andere die künftige Papstwahl. Stolz und kühn ging sein Wahlspruch durch Deutschlands Gauen:

> Frantz haiß ich, frantz bin ich, frantz bleib ich,
> pfaltzgraff vertreib mich
> landgraff von hessen meid mich
> bischoff von trier du mußt mir halten
> bischoff von mentz muß auch herbey
> Nun lugend welcher biß Jahr Kayser sey.

Doch Franz ward bald vom Glücke verlassen, Karl V. ward 1520 zum Kaiser gewählt, ohne daß man irgendwie um den Sickinger sich gekümmert hätte, der wenige Jahre darauf vom Schauplatze seiner Thaten verschwand.

Wird's wohl dem großen Sickinger unserer Tage anders gehen?! — —

II.

„Das Narrenschiff."

Die Titelvignette zu Brant's Narrenschiff[1]) zeigt uns unter der Ueberschrift „Narrenschiff" zunächst einen Wagen voller Narren mit den üblichen Schellenkappen; sie sind im Begriff, dem Ufer zuzufahren, an welchem das Schiff, schon zur Hälfte besetzt, ihrer harret. Oben zur Seite des Schiffes steht: „Ad Narragoniam[2])," in der Mitte der Fregatte: „Gaudeamus omnes[3])" und unten: „Zu schyff, zu schyff brüder: Es gat, es gat!" Und wirklich drängen sich in kleinen Nachen noch eilig eine große Zahl Narren herbei, um ja in's Schiff zu kommen und nicht zurückzubleiben. Am Kiel steht endlich die Einladung: „Har noch[4])!" Brant sagt im Verlaufe des Gedichtes über diese Einladung und über das Reiseziel des Schiffes:

---

1) Dasselbe erschien 1494 in Basel, ward in den folgenden Jahren wiederholt aufgelegt und in die verschiedensten Sprachen (lateinische, englische, französische, holländische) übersetzt. Brant selbst docirte seit 1484 an der Universität Basel, kam 1501 durch Geiler's Vermittlung zum Rathe in Straßburg, zunächst als Rechtsconsulent, und seit 1503 als Stadtschreiber. Er starb hoch=berühmt und hochgeachtet unter seinen Zeitgenossen, von Kaiser Maximilian zum K. Rath ernannt, 1521.

2) Nach Narragonien.
3) Laßt uns alle lustig sein.
4) Wir würden sagen: Als her!

> Ir gesellen, tumet har noch ze hant
> Wir fahren in Schluraffenland
> Und stecken doch im mur und sandt.
> Wir faren umb durch alle landt:
> Von Narbon in Schluraffenlandt
> Darnach went wir gen Montflascun
> Und in das land gen Narragun.
> All port durchsuchen wir und gstad,
> Wir faren umb mit grossem schad.
> Und künnen doch nit treffen wol
> Den staden do man landen sol.
> Und hent keyn ruhe tag und nacht
> Uff wißheit unser keyner acht.
> Darzu hent wir noch vil gespanen
> Trabanten vil und Curtisanen.
> Wir fahren umb . . .
> Bis uns die Felsen an das schiff
> Zu beiden sytten gent eyn büff.
> Und knütschen das so gar zu trymmen[1]
> Daß wenig uß dem schiffbruch schwymmen.

Und nun, was verstehen wir unter „dem Narrenschiff unserer Zeit", das so ziemlich den gleichen Curs hält, wie ihn Brant hier zeichnet? Wir verstehen darunter und wollen darunter nichts mehr und nichts weniger verstanden wissen, als was der Freiherr Otto von Bismarck darunter verstanden hat, als er die bekannten Worte sprach. Es sind die Zeitströmungen, die Theorien und Grundsätze unserer Zeit, vor Allem auf kirchlich=politischem Gebiete, es ist das Gebahren der Parteien, die diese Grundsätze vertheidigen und geltend zu machen suchen; es ist der Kampf des Unglaubens gegen den Glauben, das tolle Anstürmen des mächtig gewordenen Liberalismus gegen Christenthum und Kirche; es ist mit einem Worte die Thorheit der Welt und der Zeit, im Kampfe gegen die Weisheit und Allmacht Gottes,

---

[1] Trümmern.

die im „Narrenschiffe unserer Zeit" umbfährt in allen Landen, in dem einen mehr, in dem andern weniger. „Umbfährt mit großem Schad" für Staat und Kirche und „ruhelos tag und nacht" sucht das Land „Narragun", d. i. die Vollendung liberaler Wünsche, die Omnipotenz des modernen Staates — ohne Gott und ohne Kirche. „Umbfährt" bis das Schiff „zerschellt an dem Felsen", den es selbst zertrümmern wollte, zerschellt, „weil uff Wißheit keyner acht", keiner etwas gelernt hat aus der Geschichte von achtzehn Jahrhunderten. Leider nun ist die größere Zahl der Menschen dieser Zeitströmung hold, Alles will mitfahren, um für fortschrittlich und erleuchtet, und nicht für dumm und gläubig angesehen zu werden: „Zu schyff, zu schyff bruder: es gat, es gat," ruft einer dem andern zu. Brant klagte, daß zu seiner Zeit fast Alles dem Schiffe zudränge:

> Narrheyt hat gar eyn groß gezelt
> By jr lägert die gantze welt
> Vor uß, was gwalt hat und vil gelt.

Und an einer anderen Stelle:

> Es sizet vast die ganze welt
> beysammen in dem Narrenzelt.

Aehnlich in unseren Tagen. Da soll Alles mitthun und mitfahren, und wer es zu etwas bringen will, muß einsteigen, sonst gilt er als ein Narr und Dummkopf. „Freiheit, Fortschritt, Aufklärung, Licht — mehr Licht, nur Licht, Cultur, „Bültung", Nationalität, Nationalgott, Nationalkirche, Nationalhimmel" — kurz jede Phrase, die sprachlich möglich und unmöglich ist, sie wird gebraucht, um immer neue Schiffsladungen zuzuführen; und je mehr kommen, um so lustiger tönt das „Gaudeamus omnes" im großen Schiffe. — Denn, wo die Phrase herrscht, sagt schon der alte Sambuga, da ist immer Kirchweihfest für Halb= und Viertelsdenker und für Solche, von denen Brant singt:

> Die ohren sind verborgen mir
> Man säh sunst bald eins müllers thier.

Und da eben Niemand, der Fortschritt und Aufklärung liebt, für „eins müllers thier" angesehen werden will, so wird eben eingestiegen und lustig mitgefahren — und immer wieder tönt der Ruf: Har noch! har noch! Denn oben im Mastkorb und auf des Schiffes Hochwacht, da sitzen Jene, die der unübertreffliche Otto mit dem schon zu Homer's Zeit hochgeachteten Namen der „Sauhirten" belegte. Schon Brant gedenkt ihrer und ihres Einflusses auf das Narrenschiff, wenn er in etwas unpolirten Worten sagt:

> Die suw hat hetzt allein den bantz
> Sie halt das narrenschiff beim schwantz
> Daß es nit untergang vor schwêr'
> Das doch groß schab uff erden wär'.
> Die suw macht hetzt vil jungen
> Die wüst rott' hat alles verbrungen.

Diese „Sauhirten", sie haben Narrenfreiheit, zu sagen, was ihnen beliebt, gegen Alle, die nicht mitthun, oder gar gegen die Thorheiten im Schiffe ankämpfen und sich an „den Felsen" halten. Die werden „Mordbrenner, Brandstifter, schwarze Verräther", kurz Alles genannt, was ungestraft beliebt. Den Jesuiten rief ein solcher Schiffswächter aus dem Mastkorb nach: „Endlich hat diese Spitzbuben, diese Mörder das unerbittliche Schicksal erreicht. Dieses mit Blut und Raub bedeckte Gesindel, diese Tim=Thode, diese Traupmann."

Dante sagt einmal in seiner Divina Comedia:

> Die übermüthige Sippschaft, die dem Fliehenden
> Nachzischt und wie ein Lamm sich schmiegt vor Einem,
> Der ihr den Zahn zeigt, oder auch den Beutel.

Weil vielfach mit Reptilien gefüttert, wissen sie zu kriechen und sich zu schmiegen vor dem, der Geld oder Macht hat, und versetzen, um einen Ausdruck Brant's zu gebrauchen, „ihre sel im dintenfaß" und schonen „nit gott, noch ehrbarkeit". Etwas derber geht mit diesen Reptilien der in Leipzig erscheinende social=demokratische „Volksstaat" um, indem er sie also anredet: „Ihr Speichellecker, Ihr Schuhschmierer, die Ihr den ehrlichen Namen Schriftsteller unter die Bedienten, die ganze Presse unter Euch, d. h. unter den Hund bringt, die Ihr Hosiana schreit, wenn es dem Schicksal gefallen hat, Bismarck nießen zu lassen, und andere Menschen begeifert, blos weil sie nicht hündisch schweifwedelnd sind wie Ihr."

Und in der That, es ist ein abscheuliches Bedientenvolk, das Volk des Narrenschiffes, zu aller Zeit gewohnt zu wedeln vor der Macht und vor den Löwen des Tages. Zur Zeit, als Napoleon I. Herr war in Deutschland, war er der Abgott der „Sauhirten" und ihm wurde fast jedes zehnte Werk deutscher Schriftstellerei dedicirt. So wurden dem stolzen Corsen von Weihnachten 1803 bis dahin 1804 nicht weniger als sechsundneunzig Werke aus deutschen Federn gewidmet! So ist auch in unseren Tagen die Speichelleckerei[1]) jener Partei, die im Schiffe „Gaudeamus" singt, zum Spott des Auslandes geworden, indem der in Boston erscheinende „Pionier" also höhnt:

O Du grundgütige Mutter Natur,
Du Spenderin alles Edeln.
Gib doch den neuen Germanen ihr Recht,
Ihr eigenstes Recht auf Erden,
Und laß das nächste deutsche Geschlecht
Mit Schwänzen geboren werden.

---

[1]) Ich erinnere hier nur an den Unsinn, den ein gewisser Schulze in einer Schrift über Bismarck bloß legt, wo der Mann allen Ernstes behauptet, das erste Lied, das bei der Schöpfung durch den Weltraum geklungen habe, sei gewesen: „Ich bin ein Preuße, kennt ihr meine Farben!" Der Mann gehört nicht mehr in's Narren—schiff!

Das Schlimmste ist, daß den Zeitblättern dieser Art mit Macht alle Poren des staatlichen Lebens und des Volkslebens geöffnet werden, daß man sie benutzt, um Licht und Cultur zu verbreiten. Schon vor Jahren hat der preußische Staatsrath Jancke, der unermüdlich die revolutionären Principien von Berlin aus bekämpfte, gewarnt mit den Worten: „Der Staat haßt die Kirche und fürchtet die Revolution, welche letztere er aber selbst provocirt, indem er keinen christlichen Geist und keinen sittlichen Ernst weder in der Schule noch in der Presse aufkommen läßt und das Volk allen Einflüssen der schlechten Presse preisgibt." Sind diese Worte nicht wie für unsere Tage geschrieben, wo man die sociale Gefahr vor der Thüre hat und sie fürchtet, aber gleichwohl fortfährt, die Kirche zu behandeln, als wäre sie schlimmer, viel schlimmer als das rothe Gespenst und die Commune. Unter dem grausigen Wiederschein der Petroleumbrände zu Paris hat man den neuen Feldzug gegen die katholische Kirche eröffnet, und doch ist eben diese Kirche, wie sehr man nun über die Behauptung spottet und lächelt im Narrenschiffe, die einzige Macht, die der drohenden Revolution gewachsen gewesen wäre, und die einzige Heilkraft, die unser an so vielen materiellen und sittlichen Uebeln krankes Geschlecht genesen machen könnte. Statt aber dieses einzige Heilmittel zu benutzen, steuert man mit aller Macht nach „Narragonien" und will Land und Leuten aufhelfen ohne Christenthum.

Es war am 15. Juni des Jahres 1847, zu einer Zeit, wo die gleichen Geister das Narrenschiff bestiegen, die es jetzt noch inne haben, da hielt der Abgeordnete der äußersten Rechten im preußischen Landtage, Freiherr Otto von Bismarck-Schönhausen, folgende Rede: „Ich bin der Meinung, daß der Begriff des christlichen Staates so alt sei, als das ehemalige heilige römische Reich, so alt wie sämmtliche Staaten von Europa, daß er gerade der Boden sei, in wel=

chem diese Staaten Wurzel geschlagen und daß jeder Staat, wenn er seine Dauer gesichert sehen, wenn er die Berechtigung seiner Existenz nur nachweisen will, auf religiöser Grundlage sich befinden muß. Für mich sind die Worte „von Gottes Gnaden", welche christliche Herrscher ihren Namen beifügen, kein leerer Schall, sondern ich sehe darin das Bekenntniß, daß die Fürsten das Scepter, das ihnen Gott verliehen hat, nach Gottes Willen auf Erden führen sollen. Als Gottes Willen aber kann ich[1] nur erkennen, was Gott im Evangelium geoffenbart hat."

„Entziehen wir diese Grundlage dem Staate, so behalten wir als Staat nichts als ein zufälliges Aggregat von Rechten, eine Art Bollwerk gegen den Krieg Aller gegen Alle. Seine Gesetzgebung wird sich dann nicht mehr aus dem Urquell der ewigen Wahrheit regeneriren, sondern aus den vagen, wandelbaren Begriffen von Humanität, wie sie sich gerade in den Köpfen Derjenigen gestalten, welche an der Spitze stehen. Wie man dann in solchen Staaten die Ideen der Communisten bestreiten will, wenn jene die Kraft haben, sich geltend zu machen, ist mir nicht klar. Denn auch diese Ideen werden von ihren Trägern für human gehalten, und zwar als die rechte Blüthe der Humanität angesehen."

„Deßhalb schmälern wir dem Volke nicht sein Christenthum, indem wir ihm zeigen, daß es für seine Gesetzgeber nicht erforderlich sei."

Man sollte es kaum für möglich halten, daß der Fürst Bismarck diese Worte des Freiherrn in seinen alten Tagen gänzlich vergessen zu haben scheint. Wenn es aber einen Propheten gibt in unseren so wenig von Gott erleuchteten deutschen Gauen, so ist dieser nicht der alte Schäfer Thomas, sondern Otto von Bismarck, des deutschen Reiches Kanzler und Vater. Wie buchstäblich sind nicht innerhalb

---

1) Der Protestant Bismarck.

fünfundzwanzig Jahren die oben citirten Worte in Erfüllung gegangen! Welchen Antheil der Prophet selbst haben werde an dieser Erfüllung, das hat der Redner vom Jahre 1847 wohl nicht geahnt. Wenn aber selten Jemand „als Prophet gilt im eigenen Vaterland", so muß Otto davon ausgenommen werden, denn er ist seines Vaterlandes größter und beliebtester Seher und seine Prophetenbilder werden in der Zukunft nicht zu Schanden werden. Er sorgt selbst dafür.

Jeder Staat, der seine Existenz gesichert sehen will, muß auf christlicher Grundlage ruhen, hören wir eben den großen Staatsmann unserer Zeit sagen. Und so ist es! Jeder Staat mit widerchristlicher Grundlage ist innerlich faul, ist die Verwesung der Gesellschaft, die Zersetzung in Atome, bei der man sich auf einen Deus ex machina wechselseitig vertröstet, um das Elend der Gegenwart erträglicher zu finden. Vortrefflich sind hierüber die Worte eines Jesuiten unserer Tage: „Setzt sich die Staatsgewalt an Gottes Stelle, von dem allein alles Recht kommt, indem sie entweder die Oberherrschaft Gottes läugnet oder sich Rechte herausnimmt, die Gott sich vorbehalten, so macht sie die Empörung zum Princip der socialen Ordnung. Wie der einzelne Mensch, der sich gegen Gott empört, um seinem Hochmuthe, seinen Leidenschaften zu fröhnen, ein Sklave dieser Leidenschaften wird, so setzt sich in dem offen oder verdeckt abfallenden Staate die Empörung nach unten fort als Revolution, und so zerstört sich die Staatsgewalt selber die Basis ihrer Gewalt, welche im Pflichtbewußtsein der Unterthanen ruht, das durch keine irdische Macht erzeugt werden kann."

Aus dem großen Zeitschiffe aber, da tönt's: „Gaudeamus!" so oft wieder ein Stück aus der christlichen Basis der Staaten herausgerissen wird und lustig fährt der Liberalismus weiter — durch „Nacht und Wind"!

Der ist ein narr, der gott veracht'
Und wider ihn ficht tag und nacht.

Ja, diese allgemeine Schwärmerei für die Chimäre des absoluten Staates, des absoluten Gesetzes, der absoluten Vernunft macht unsere Zeit zu einem wahren "Narragonien". Und doch nennt diese Erscheinung eben so traurig wie tröstlich ein alter deutscher Politiker[1]) "das Ringen und Drängen eines unglücklichen Geschlechtes nach dem persönlichen Gotte, von dem es abgefallen ist."

Zu einer weiteren Chimäre ist in unserer Zeit durch die Geister des Narrenschiffes die "Freiheit" geworden, ein Begriff, der wie wenige wahrhaft narrenmäßig verkehrt und gedeutet wird. "Freiheit für Alle, gleiches Recht für Alle," tönt der Schiffruf aus den Mastkörben der "Sauhirten". Ja, Freiheit und Recht für Alle — die im Schiffe sitzen und mitfahren, für die Anderen nicht. Kaum haben die Jacobiner der französischen Revolution mit den Principien der Freiheit solchen Terrorismus geübt, wie ihn die Partei, die das Wort Freiheit stets im Munde führt, in unseren Tagen ausübt. Was haben diese Menschen für Begriffe von Glaubensfreiheit, Gewissensfreiheit und Cultusfreiheit? Und wie beachtet man diese Freiheiten? Ja, man duldet alle religiösen Ueberzeugungen eben nur in dem Sinne, daß Keiner mehr eine religiöse Ueberzeugung haben darf; man tolerirt alle Glaubensbekenntnisse unter der Bedingung, daß Keiner auf ein Glaubensbekenntniß mehr einen Werth lege.

Auf der anderen Seite sollen den Völkern Freiheiten, liberale Freiheiten aufgedrängt werden, von denen sie nichts wissen wollen. "Drängt aber," sagt einmal Rotteck selber, "der Liberalismus den Völkern Freiheiten auf, die sie nicht wollen, so wird er liberaler Despotismus." Aber dies ist dem Liberalismus höchst gleichgiltig. "frei" muß die Menschheit werden im liberalen Sinne, und wenn es auch Ter-

---

1) Adam v. Müller in seiner Schrift: "Ueber die Nothwendigkeit einer theologischen Grundlage der gesammten Staatswissenschaft."

rorismus oder Despotie oder mit einem Worte: Narrenfrei=
heit wäre;

  Im schiff aber halten Saus und Braus
  Die lustigen Seeleute.

 Was kümmert sie bei alle Dem das Volkswohl. Am
Grabe des Volkswohles pflanzt der Liberalismus noch seine
Freiheit auf und ob Alles in Brüche geht, wenn er nur
seine Ziele erreicht. Ihm heiligt jedes Mittel den Zweck.
Und wohin ist in der That das Wohl der Völker gekom=
men, seitdem das Narrenschiff des Liberalismus umfährt in
allen Landen?! Wir wollen hier nur einmal das materielle
Wohl in's Auge fassen und dies zumal im deutschen Vater=
lande. Deutschland war im 15. Jahrhundert, also im fin=
steren ultramontanen Mittelalter, das reichste und blühendste
Land von Europa. Es versah alle Länder mit den Erzeug=
nissen seines Fleißes. Viel Geld floß in's Reich, wenig ging
aus[1]). Aeneas Sylvius, der das damalige Deutschland
kannte wie kaum Einer, rief aus: „Was für freundliche
Städte habt ihr, sie geben den italiänischen nichts nach, ja sie
übertreffen sie. Welch' herrliche Tempel und welcher Reich=
thum in Deutschland! Euer Hausgeräthe ist von Gold und
Silber, die einfachste Bürgersfrau strotzt von Gold."

 Den Vergleich mit der Armseligkeit auf der einen und
dem Flitter auf der andern Seite in unseren Tagen brau=
chen wir nicht zu ziehen, er liegt Jedem vor Augen.

 Die historisch=politischen Blätter schrieben vor zwei Jah=
ren: „Der moderne Staat ist ein großes, von Börsenhelden
geleitetes und ausgebeutetes Arbeitshaus: Schulzwang, Ge=
wissenszwang, Steuerzwang, Gerichtszwang: Ein Theil der
Einwohner ist damit beschäftigt, den andern zu zwingen und
zu maßregeln und obendrein auszubeuten. Freiheit für alle

---

 1) Im Hinblick auf die französischen Milliarden jetzt noch
wahr, aber in einem andern Sinne!

Zügellosigkeit, Zwang und Ausschließung für die Ueberzeugung und für Anstalten, welche zum System nicht stimmen. Die Völker scheinen dazu da, um von den Geldmännern ausgebeutet zu werden, um Steuern zu zahlen, damit der Staat für betrügerische Actienunternehmen die Zinsen verbürge — und um ihre Kinder herauszugeben, damit sie als Soldaten die Schätze dieser Geldleute hüten, oder als Gauklerinnen, Tänzerinnen, Dirnen ihnen zur Erlustigung dienen." So werden die Staatsschulden immer größer, die Völker immer ärmer, die Financiers, Gründer und Speculanten immer reicher. Wahrlich, wenn die ganze unermeßliche Arbeit und der unermeßliche Schweiß der Völker zu nichts Anderem führt, so ist das eine Unnatur, über deren Folgen Keiner sich täuscht, der nicht mit dem großen Schiffe fährt, Gaudeamus singt und von Volkswohl schreit! Und doch sind Tausende vom „Volke" selbst im Schiffe und das liberale Bauernthum ist wahrlich nicht klein. Zwar werden diese Narren nur als „Gimpel" und „Stimmvieh" mitgeführt, als eine Art Menagerie, wie sie vielfach über See transportirt werden. Ich kenne kaum ein armseligeres Geschöpf, als einen Bauern, der die liberale Schellenkappe aufsetzt, um für gescheidt und aufgeklärt zu gelten bei den „Herren" und den „Stadtleuten". Bildung haben die Menschen nicht — die sonstigen Liberalen zwar im Allgemeinen auch blutwenig, aber doch noch etwas Firniß — mit dem Liberalwerden ist nun unzertrennlich verbunden die religiöse Freischärlerei, und so fehlt diesen Bauern Bildung und Glaube und sie werden so vielfach in der That — menageriefähig. Aber glücklich sind sie doch, weil sie im Schiffe sind und mitfahren dürfen:

  Der Bauern=Narr tritt auch daher
  Als wenn er ganz was vornehms wär.

Und da wir eben das Wort Menagerie gebraucht, so fällt uns ein, daß ja eine große Anzahl Menschen absolut zum Thierreich gehören und von den „Affen" abstammen wollen. Es muß schon zur Zeit des ersten Narrenschiffes derartige Gorillamenschen gegeben haben, denn im „Renner" des Hugo von Trimberg, den Brant überarbeitete, heißt es:

> Manic tor gar zu einem affen wird.

Und Brant selbst sagt:

> Den affen
> Ist wunderlich Ehre beschaffen.

Scheint demnach, daß die Darwin'schen und Vogt'schen Lehren schon sehr alt sind. Merkwürdig ist, daß diese Wald= menschen ganz böse werden, wenn man ihre Herkunft be= streitet. Als ihnen dieser Tage im Schwabenlande, wo man zur Zeit am wenigsten „Schwabenstreiche" macht und sie auswärts besorgen läßt, die Narrenkappe abgezogen wurde, da wehrten sich diese Gorillianer ungemein. Doch, es ist ja ein altes Sprichwort, daß jedem Narren seine Kappe gefalle, und so finden denn trotz jener Stuttgarter Skalpirung, wie ich eben heute gelesen, in Straßburg Vorlesungen eines Uni= versitätsprofessors über die beseligende Lehre Darwin's — vor Damen statt. Doch schon Brant hat ja die „lustigen Weiber" seiner Zeit mit „wilden Thieren" verglichen:

> Sie wickeln viel Hudeln in die zöpf
> Groß Hörner machen's uff die köpf,
> Als ob es wär ein großer Stier
> Sie gehen einher wie die wilden Thier.

Es mag darum die Affentheorie auch unter „dem schönen Geschlechte" ihre Bekennerinnen finden.

Zu gleicher Zeit soll man in der Vaterstadt Brant's auch mit Gründung eines „Narrenbundes" umgehen, wobei je= doch „jede Politik ferne gehalten werden soll." Wie naiv!

Brant hatte ursprünglich vor, eine ganze Flotte von Narrenschiffen seiner Zeit zu construiren, und sie, wie er auch ausgeführt, in 113 Schiffsladungen aufsegeln zu lassen.

Gleichwohl hat er meist nur ein großes Schiff im Auge, auf das er die meisten Thorheiten seiner Zeit setzt. Bisweilen aber läßt er ein Extra=Schiff nebenher gehen mit besonderer Gesellschaft beladen. Eine solche Beifuhre ist „das Gesellenschiff":

> Hier ist ein ganzes schiff voll narren,
> Die auf ein besseres glücke barren
> als ihr beruff gibt an die hand.
> Sie gehen um mit süßen traümen
> dabey sie ihr gewerb verfaümen
> und fahren nach schluraffen=land.

Und weiter:

> Ein gsellen schiff fert yetzt do här
> Das ist von hantwercks lüten schwär'
> Von allen gwerben und hantyeren,
> Jeder syn gschyrr thut mit ihm führen.
> Keyn handtwerck stat me in sym werth
> Es ist alles überlegt, beschwärt.
> Jeder knecht meyster werden will
> Des sind yetzt aller handtwerck vil.
> Mancher zu meysterschafft sich kert
> Der nye das handtwerck hat gelert.

Wer denkt hier nicht an unsere Arbeiterbewegung, an Gewerbefreiheit, an die Strikes und an die sociale Gefahr, an den Kampf zwischen Arbeit und Kapital, Communismus und Socialismus?!

Es ist viel des Berechtigten an dem Streben des Arbeiterstandes nach Besserstellung seiner Existenz, und es ist viel Wahres an den Klagen des armen Mannes gegen das Maßbürgerthum. Aber zu welch' unsinnigen Grundsätzen und Forderungen, auf welche der ganzen gesellschaftlichen Ordnung höchst gefährliche Abwege, zu welchem Trotz, Uebermuth und Frevel hat dieses Streben nicht schon geführt!

Ich las vor einiger Zeit aus einem radikalen italienischen

Blatte folgende gräßliche Worte: „Freiheit ist nur in der durch's Petroleum geschaffenen Commune; Gleichheit kann nur durch Aufhebung jedes Eigenthums erzielt werden, und Brüderlichkeit ist nur in der permanenten Theilung." Wir nennen diese Worte gräßlich, wenn man bedenkt, daß die Anhänger derselben nach Millionen zählen und Catilina's genug unter ihnen sind.

Aber woher diese wahnsinnigen Verirrungen? Antwort: vom großen „Narrenschiffe unserer Zeit", vom Verlassen der christlichen Grundlagen, von der jahrelangen Verletzung des Rechtsgefühles und des Religionsgefühles der Völker. Sind aber einmal unter Völkern und Nationen diese Gefühle erschüttert, so kann nur die Gewalt hindern — aber wie lange?! — daß Habgier, Noth, Parteileidenschaft die ganze sociale Ordnung umstürzen. Das sind die „Brander", die man selbst angelegt, um sich schließlich selbst in die Luft zu sprengen.

Vil thunt in torheit vast beharren
Und ziehen gar ehn schweren karren
Doch wird der recht wag' nacher fahren.

Die Leute im Zeitschiffe aber, sie singen „Gaudeamus" und tanzen lustig auf dem Verdecke wie auf dem Krater eines gährenden Vulkans. Sie lachen und höhnen, wenn man ihnen vom Unglauben, von der Gottlosigkeit und ihren Folgen in unserer Zeit spricht. Und doch ist kaum zu einer Zeit frecher — Glaube und Christenthum verhöhnt worden, als gerade jetzt.

„Liberal sein und Geld haben" gilt als die beste Religion in unseren Tagen und der Spruch, den einst der Malteser-Großmeister Jean de Lavalette auf seine Münzen setzen ließ: non aes sed fides [1]) lautet jetzt gerade umgekehrt.

Doch halt! Man kümmert sich ja noch sehr um den Glauben, um den „altkatholischen". Werden nicht alle Segel auf-

---

1) Nicht das Geld, sondern der Glaube.

gespannt, wird nicht mit allen Kräften, die an Bord sind, gearbeitet, um das „Kähnchen Jani", dem „Schifflein Petri" zum Trotz, vorwärts zu bringen! Wie tönt nicht da das: „har noch, har noch!" und wie nothwendig ist da der Schiffsruf:

Ihr Gesellen kumment har noch ze hant
Wir stecken tief im mur und sandt.

„At nolint atqui licet esse beatis.¹)!" Lieber steigen die Menschen noch in das Narrenschiff unserer Zeit, als in den „Nachen Jani", und die auf dem großen Zeitschiffe haben den „Weidling" nur angehängt als Brander gegen das „Schifflein Petri"; aber der Brander steckt „im mur und sandt" und kann weder zünden, noch vorwärts gehen. Man führt nun den Kleinen um in allen Landen mit ein paar Lootsen, die vom Schifflein Petri ausgesprungen, und bittet flehentlich, ihm doch zu helfen. Wirklich sind sie mit dem Armen in der „freien Schweiz", wo Alles frei ist, nur die katholische Kirche nicht, und die nordischen Lootsen Reinkens und Compagnie haben große Hoffnung, ihn dort etabliren zu können. Denn dort wohnt ja der große Kirchenlehrer Augustin Keller, der schon mehr als ein „Scandälchen" auf kirchlichem Gebiete aufgeführt hat, und wenn es der „Altkatholicismus" mit Hilfe des Aarauer Augustin zu nichts bringt, dann darf er keklich das Liedlein anstimmen:

O, du lieber Augustin,
Alles ist —

Ja diese „Suisse radicale" ist so ein ächtes Land liberaler Freiheit und dieses Land der „Telle und Winkelriede", das Land von Sempach und Murten, es hat jetzt weit mehr und weit freiheitsfeindlichere Landvögte als zu Geßler's Zeiten, und die „wahre Freiheit" wird von ihnen gebunden wie einst Tell im Schiffe Geßler's. Was hat sich

---

1) Aber die Leute wollen nicht, obwohl man ihnen (altkatholische) Glückseligkeit verheißt.

nicht schon die katholische Kirche und das katholische Volk in jener „freien Schweiz", in der „Republik", die sonst jedem internationalen Flüchtling Freiheit und Schutz gewährt, müssen gefallen lassen! Doch hat man hiebei unserer unmaßgeblichen Ansicht nach intra et extra muros gefehlt. Man hat von Anfang an, seit den zwanziger Jahren, dem Radicalismus viel zu viel Spielraum und Boden gelassen; man hat, wie auch anderwärts, geglaubt, diesem Feinde mit Friedensliebe Concessionen abringen und seinen Wühlereien Einhalt thun zu können. Man hat zu lange den ernstlichen Kampf gescheut und so das Volk jenen heillosen Einflüssen zu sehr preisgegeben und klagt jetzt vergeblich über religiöse Gleichgültigkeit, über Mangel an Entschiedenheit.

Doch die Zeit jenes Wahnes ist gottlob vorüber und auch dem Blindesten sind die Augen aufgegangen oder könnten sie wenigstens geöffnet worden sein. Sebastian Brunner, dieser entschiedene Geist, sagt hierüber ganz vortrefflich:

Eine Zeit ist jetzt vorüber,
Die der Kirchenbureaukraten.
Mit dem Schwert, nicht mit dem Zopfe
Brauchen wir jetzt Heldenthaten,
Mit dem Schwert des muthigen Wortes,
Das darein schlägt scharf und dröhnend,
Wo der Geist der Lüge wüthet,
Seine Gottesflüche stöhnend.

Saget nicht: „Die Liebe duldet,"
Und ihr erst Gebot ist: Schweigen,
Ob die Kirchenfeinde ringsum
Auch die blanken Waffen zeigen!
Wißt ihr selber nichts zu reden,
Nun, so laßt doch Andere sprechen;
Denn der Muth dünkt nur der Feigheit
Ein zu strafendes Verbrechen.

Gleichwohl ist mir dieser Tage beim Lesen eines Briefes

aus Breslau ein Vers Brant's lebhaft in's Gedächtniß und zur Anschauung gerufen worden:

> Im chor gar mancher tor ouch stat
> Der unnütz schwätzt und hilft und rath'
> Daß schiff und wag' von land bald gat.
> Hilft ouch wohl richten schiff und karr'
> Daß man gen Narragonien far.

Nun, es muß auch solche Käuze geben, und gerade derlei Leute sind ein Beweis, wie sanft „das römische Joch" ist gegenüber dem Terrorismus jener Partei, die eine andere Ueberzeugung in ihren Kreisen gar nicht duldet.

Daß der Altkatholicismus in der Schweiz auf die Füße kommen und prosperiren wird, das ist nun ganz sicher. Denn eben lese ich, daß im badischen Höhgau, am Fuße des althistorischen und classischen Hohentwiel, drei Bürgermeister, zwei Medici und ein Bahnverwalter an die Altkatholiken in Solothurn eine Adresse erlassen haben. Wenn der Unsinn, den diese Leute abgebrannt haben, der Döllingerei nicht aufhilft, so ist kein Kraut mehr dafür gewachsen — sie muß sterben, trotz der Assistenz der beiden Leibärzte. Hier nur ein einziger Satz aus diesem altkatholischen Recept: „Die Altkatholiken Solothurns haben sich auf den richtigen Boden gestellt; denn die Religion ist das innerste Eigenthum des Menschen; es müssen deßhalb auch die kirchlichen Reformen aus dem Volke herauswachsen und die Gemeinschaft der gläubigen Gemeinden die Kirche selbst sein und dieselbe verwalten." Wahrlich, solche Theologie und solche Logik gehören eigentlich nicht mehr in's Narren—schiff. Da thut Noth, daß Herr Reinkens komme und vom Hohentwiel seine Posaune erschallen lasse, dort, wo einst der Mönch Ekkehard gelebt, den Scheffel so herrlich besungen. Vielleicht findet sich dann auch ein Dichter, der in einer „Reinkensiade" die weltbewegenden Erfolge des Altkatholicismus und die Logik der Höhgauer Altkatholiken verherrlicht. Es wäre zum Lachen, wenn die ganze Geschichte nicht so höchst traurig wäre. —

Da wir einmal daran sind, die religiösen Strömungen unserer Zeit, wie sie im Kampfe gegen den kirchlichen Glauben auftreten, mit hereinzuziehen, so müssen wir hier auf eine Erscheinung aufmerksam machen, die von viel größerem Interesse ist, als der Altkatholicismus. Es ist das neueste Werk von David Friedrich Strauß: „Der alte und der neue Glaube, ein Bekenntniß." Die bewußten und unbewußten Anhänger von Strauß zählen nach Hunderttausenden und er selbst legt hier für sich und für alle vom Glauben Abgefallenen, die die Consequenzen nicht zu ziehen im Stande sind, ein Bekenntniß ab, das an Aufrichtigkeit kaum etwas zu wünschen übrig läßt. Es ist dieses Bekenntniß natürlich gegen den positiven Glauben der Kirche gerichtet, in der That aber nichts Anderes, als ein glänzendes Zeugniß für denselben; und die Luftschiffe, mit denen Strauß in seinen alten Tagen gegen die Kirche segelt, sind derselben ebenso ungefährlich, als das große Narrenschiff unserer Zeit überhaupt.

Strauß sagt, er stehe jetzt im Greisenalter und da „vernehme jeder ernstgesinnte Mensch die innere Stimme: Thue Rechnung von deinem Haushalt, denn du wirst fortan nicht mehr lange Haushalter sein." Uns scheint nun, das religiöse Gewissen des alten Gottesläugners mache ihm am Rande des Grabes Vorwürfe, und nun sucht er es zu beruhigen, dadurch, daß er Alles, was Religion heißt und damit zusammenhängt, sich wegdisputirt. „Es gibt keine Religion, keinen Gott, keinen Sohn Gottes, keine Unsterblichkeit — keine Seele als Wesen[1]). Alles ist Natur, Organismus und Thier."

---

[1]) Und doch spricht er von der inneren Stimme, die ihn an Rechenschaft mahne!

Das sind die Deductionen und Bekenntnisse von Strauß: „Wir haben keine Religion, sind ohne Gott, ja selbst ohne Seele." Aber wie kömmt der Mann dazu? Einfach durch lobenswerthe Consequenz: entweder Alles glauben, was der alte Glaube und die alte Kirche lehrt, oder gar nichts; entweder Glauben bis zur Infallibilität oder absolute Negation, vollständiger Nihilismus!

Strauß' Schrift ist ein schwerer, ein vernichtender Schlag für den Protestantismus unserer Tage, für die Alles in dieser Confession überwuchernden Protestantenvereinler. „Wenn der alte Glaube," sagt Strauß von seinem Standpunkte aus sehr logisch, „absurd war, so ist es der modernisirte, der des Protestantenvereins und der Jenenser Erklärer, doppelt und dreifach. Der alte Kirchenglaube widersprach doch nur der Vernunft (?), sich selbst widersprach er nicht; der neue widerspricht sich selbst in allen Theilen." Und ferner: „Ein Wesen mit bestimmten Zügen, woran man sich halten kann, ist nur der Christus des Glaubens; der Jesus der Wissenschaft (des Rationalismus) ist lediglich ein Problem, ein Problem aber kann nicht Gegenstand des Glaubens sein." Vortrefflich ist, was Strauß dann angibt über den Inhalt der Predigten eines protestantischen Geistlichen, der, auf dem Boden des Rationalismus stehend, den christlichen Festcyclus in seiner Kirche noch dem Volke verkünden soll. Und noch interessanter seine Anschauung vom Gottesdienste der s. g. freien protestantischen Gemeinden, die sich ganz außerhalb der dogmatischen Ueberlieferung gestellt haben. „Ich habe mehreren Gottesdiensten der freien Gemeinden in Berlin beigewohnt und sie entsetzlich trocken und unerquicklich gefunden. Ich lechzte ordentlich nach irgend einer Anspielung auf die biblische Legende oder den christlichen Festkalender, um doch nur etwas für Phantasie oder Gemüth zu bekommen; aber das Labsal wurde mir nicht geboten. Nein, auf diesem Wege geht es auch nicht. Nachdem man den Kirchenbau abgetragen, nun auf der kahlen Stelle eine Erbauungsstunde zu halten, ist trübselig bis zum Schauerlichen. **Entweder ganz oder gar nicht.**"

So richtig nun diese letzten Worte von Strauß sind und so sehr wir seine Consequenz anerkennen, eben so sehr muß man auf der anderen Seite aber die Leichtfertigkeit verurtheilen, mit der dieser Mann die Dogmen des alten Glaubens zu eliminiren und zu läugnen sucht. Ja diese Leichtfertigkeit streift zuweilen an's Lächerliche. Vom katholischen Lehrbegriff hat Strauß nicht eine blasse Ahnung, noch viel weniger eine auch nur einigermaßen oberflächliche Kenntniß; sonst könnte er nicht darüber spötteln, daß es Dogma sei, die sechs Schöpfungstage als Tage zu nehmen und daß die nicht getauften Kinder der ewigen Höllenstrafe überantwortet seien.

Die heiligen Bücher des Alten und Neuen Testamentes sind ihm einfach später gemachte Compilationen und er stützt sich dabei auf die Bibelkritik bekannter älterer Rationalisten, die ihm natürlich unfehlbar sind. Ist es sodann nicht lächerlich, wenn Strauß den Tod Jesu in seiner moralischen Wirkung in Einklang zu bringen sucht mit den Hinrichtungen Karl's I. von England und Ludwig's XVI.!? Ueber alle Maßen aber fällt Strauß in die Lächerlichkeit, wenn er, um die Evangelien zu verdächtigen, darauf hinweist, daß, wie Renan während des letzten Krieges ihn brieflich aufmerksam gemacht habe, weder „in den Seligsprechungen der Bergpredigt noch irgendwo im Evangelium ein Wort sich finde, das den kriegerischen Tugenden den Himmel verheiße, und ebensowenig sich darin ein Wort finde für die friedlichen politischen Tugenden, für Vaterlandsliebe und bürgerliche Tüchtigkeit." Potz Narrenschiff!

Wie glücklich fühlt sich Strauß nicht über die Entdeckung des Huxley, den „Bathybius", jene Galertmasse, die den Uebergang vom Unorganischen zum Organischen vermitteln soll, um über das Schöpfungswunder wegzukommen; und wie bewundert er nicht die Erfindung Darwin's, die „allerdings noch unendlich Vieles unerklärt lasse", und wobei er ganz ruhig annimmt, die Affengeschlechter, die zwischen dem Gorilla und dem Menschen in der Mitte stehend den Uebergang gebildet, seien eben ausgestorben! Diesen Leuten kömmt es auf einen „salto mortale" um den anderen nicht an, wenn sie sich nur dabei weiß machen können, es sei kein Gott!

Daß Göthe noch von einer Unsterblichkeit geredet habe, nennt Strauß Altersschwäche; an was er selbst aber laborire im Alter, das zeigen die eben angeführten Sätze!

Das Einzige, was er aus der Bibel noch stehen läßt, ist das Vergehen der bestehenden Welt durch Feuer und das Aufeinanderfallen der Gestirne. Freilich nimmt er das nur an, weil Kant es ebenfalls behauptet, und er schreibt vielleicht noch eine Kritik, worin er nachweist, jene Stellen der heiligen Schrift seien nach Kant interpolirt worden.

Und was soll man sich bei der pantheistischen Phrase denken: „Das All ist Alles, folglich ist nichts Anderes außer ihm und selbst ein Nichts außer ihm scheint es auszuschließen?!" Man möchte wahrhaft glauben, wenn man diese Nebelstupferei so vieler Menschen in religiösen Dingen hört und liest, „Unsinn sei Alles und nichts Anderes außer ihm," was diese Leute über die höchsten Begriffe reden und schreiben. Denn derartige Phrasen sind viel schwerer zu begreifen, als des Glaubens größtes Geheimniß! Doch auf diese Art sind Gottesläugner wie Renan und Strauß ungefährlich, und ich glaube fest, sie haben durch ihre Schriften noch keinen Einzigen verführt, der nicht vorher schon der Ihrige war; wohl aber müssen sie jeden Vernünftigen, der vom Glaubensbegriff auch nur eine Idee hat, im Glauben bestärken.

Die Krone aller Bekenntnisse aber, die Strauß uns in seinem „Rechenschaftsbericht" gibt, ist die Mittheilung, wie er und seine Anhänger, das ist Alle, die ohne jede Religion und ohne jeden Glauben dahin leben, sich Sonntagsfeier und Gottesdienst ersetzen: „Neben unserem Beruf suchen wir uns den Sinn möglichst offen zu erhalten für alle höheren Interessen der Menschheit: wir haben während der letzten Jahre lebendigen Antheil genommen an dem großen nationalen Kriege und der Aufrichtung des deutschen Staates, und wir finden uns durch diese so unerwartete als herrliche Wendung der Geschicke unserer vielgeprüften Nation im Innersten erhoben. Dem Verständniß dieser Dinge helfen wir durch geschichtliche Studien nach[1]), die jetzt mittelst einer Reihe anziehend und volksthümlich geschriebener Geschichtswerke auch dem Nichtgelehrten leicht gemacht sind; dabei suchen wir unsere Naturkenntnisse zu erweitern, wozu es an gemeinverständlichen Hilfsmitteln gleichfalls nicht fehlt; und endlich finden wir in den Schriften unserer großen Dichter, bei den Aufführungen der Werke unserer großen Musiker eine Anregung für Geist und Gemüth, für Phantasie und Humor, die nichts zu wünschen übrig läßt."

„So leben wir, so wandeln wir beglückt,"

und fügen wir hinzu:

Wie es in unseren Tagen wohl sich schickt.

Strauß interpretirt einmal in seinem Buche die Worte Friedrich's II.: „In meinen Staaten kann Jeder nach seiner Façon selig werden" dahin, daß jener Ausspruch so viel heiße, als: „in meinen Staaten mag Jeder auf eigene Hand ein Narr sein, so lange seine Narrheit dem Staatswohl nicht zu nahe tritt." Fiat applicatio!

---

[1]) Was wir in der That für sehr nothwendig erachten, und empfehlen wir namentlich die letzten Schriften von Gervinus.

Dem Herrn Strauß und seinen Glaubensgenossen aber möchten wir zum Abschied und unter den besten Wünschen für glückliche Fahrt "vom Meer zum Fels" die Worte des berühmten Jansenisten Blasius Pascal zu gefälliger Erwägung, an einem von Nationalcult und Musik freien Sonntag mit auf die Reise geben: "Betrachte ich die kurze Dauer meines Lebens, das in die vergangene und noch kommende Ewigkeit versenkt ist, so setzt mich das ewige Schweigen dieser beiden endlosen Abschnitte wahrhaft in Schrecken. Wie ich nicht weiß, woher ich komme, so weiß ich auch nicht, wohin ich gehe. Ich weiß blos, daß ich beim Austritte aus dieser Welt entweder in das Nichts oder in die Hände eines erzürnten Gottes falle, ohne zu wissen, welchem von diesen beiden Zuständen ich ewig angehören muß."

Und nun zum Felsen.

III.

Der Fels.

Der berühmte englische Staatsmann, Protestant und Schriftsteller Thomas Babington Macaulay, unser älterer Zeitgenosse sagt in einem seiner „Essays": „Eine arabische Fabel erzählt, daß die große Pyramide noch von Königen, welche vor der Sündfluth lebten, erbaut sei und daß sie allein unter den menschlichen Werken jene Fluth überlebt habe. Gerade so ist das Loos des Papstthums. Unter jeder großen Ueberschwemmung war es begraben, aber seine tiefen Fundamente wurden nicht erschüttert und wenn die Wasser sich senkten, erschien es allein mitten unter den Trümmern der Welt, die eingestürzt war. . . . Auf dieser Erde existirt Nichts und existirte niemals ein Werk der menschlichen Politik [1], das der Prüfung so würdig wäre, wie die römisch-katholische Kirche. Keine andere Anstalt, die noch aufrecht steht, trägt unsere Gedanken zurück in jene Zeiten, wo noch der Rauch von den Opfern aus dem Pantheon aufstieg und im Amphitheater Flavian's sich die Tiger und Leoparden tummelten. Die vornehmsten königlichen Häuser datiren erst seit gestern, wenn man sie mit jener Reihenfolge der obersten Hohenpriester der katholischen Kirche vergleicht."

---

1) Ich bemerke nochmals, Macaulay ist Protestant und faßt das Papstthum zunächst nur als historische Thatsache in's Auge.

„Kein einziges Zeichen deutet an, daß das Ende dieser langen Herrschaft nahe sei. Sie hat den Anfang aller weltlichen Regierungen und aller Stiftungen von Kirchen, die heute existiren, gesehen und wir möchten behaupten, daß sie dazu bestimmt sei, auch deren Ende zu sehen."

Kurz vor Macaulay hat der bekannte Publicist Eugen Robin, den die Beachtung der Geschichte des Felsens der Kirche zum Glauben geführt, noch herrlichere Worte gesprochen: „Es gibt heutzutage nichts Festes und Beständiges in der Welt, woran man sich halten könnte. Die Ideen der Könige wechseln; Alles nützt sich ab und vergeht mit reißender Schnelligkeit. Zwischen der Wiege und dem Grabe eines Sterblichen ändert die Gesellschaft zehnmal ihr Antlitz. Wahrhaftig, mitten in dieser Wandelbarkeit der Dinge ist nur eine Stadt und ein Mann, die wegen ihrer Unbeweglichkeit im Ocean der Zeiten unserem Geiste ein wahres Bild der Fortsetzung und Dauer geben, nämlich Rom und der Papst. Suchen Sie einmal für Diejenigen, welche müde sind, allen Winden preisgegeben umherzuirren, und in diesem Leben gerne die Ruhe der Ewigkeit genießen möchten, eine andere Stätte, wo sie Schutz finden und einen anderen stets offenen Hafen, wo sie ihr Fahrzeug anlegen, als jenen erhabenen Felsen, der über alle Stürme hervorragt, Rom und das Papstthum. . . . Die Verderber des Papstthums ruhen in der Vergangenheit neben Luther, der Encyclopädie, der Republik und dem Kaiserreich. Rom steht immer aufrecht und die Christenheit, obgleich tief verwundet durch Unglauben und Glaubensgleichgiltigkeit, hat beständig zu ihrem Mittelpunkt einen Papst, wie sie einen hatte unter Nero, jenem grausamen Nero, der das aufblühende Christenthum im Circus durch wilde Thiere zerfleischen ließ."

„Rings um diese wunderbare Fortdauer Roms hat Europa dreimal seine Gestalt gewechselt. Das Alterthum ist erloschen, das Mittelalter ist todt. Drei Kaiserreiche, die

Reiche Karl's des Großen, Karl's V. und Napoleons, kamen auf und verschwanden. Nationen glänzten, die jetzt nicht mehr sind. Eine neue Welt wurde entdeckt und fiel der weltlichen und geistlichen Macht zur Theilung zu; die letztere allein hat ihren Antheil bewahrt. Alles dauerte blos seine Zeit, die Ideen, die Völker, die Reiche. Rom allein blieb stehen, der Papst allein bleibt übrig. In diesem Factum ist etwas enthalten, das wahrlich einiges Nachdenkens werth ist."

„Aber wir leben in einer Zeit, in der man zu Gunsten der Gegner eine vortreffliche Logik erfunden hat, welche sogar die Evidenz zu leugnen versteht. Der alte Haß gegen Rom ist nicht ausgestorben. Man kann sich eben nicht an die Idee gewöhnen, die den Katholicismus so hoch über den Ruhm seiner Gegner erhebt, daß nämlich das Papstthum von seiner unüberwindlichen Höhe herab stets mit einem Blicke voll zärtlichen Mitleids und mit festem Vertrauen zu seinen göttlichen Verheißungen auf unsere Empörungen, auf unsere gewaltsamen Geburten, auf unsere Brandstiftungen an allen Ecken der Welt, auf die schaudererregenden Blutscenen und auf jenes häufige Stürzen der Reiche und Könige herabsieht, wie ein alter Seefahrer von der Küste dem Kampfe der Elemente zuschaut, versichert wie er ist, durch die Zeichen, die er am Himmel beobachtete, daß morgen dieses ganze Getöse aufhört und der entfesselte Ocean in seine Tiefen zurückkehrt."

„Unser Hochmuth will sich nicht gutwillig in diese Herrschaft eines unwandelbaren und ewigen Gedankens über den schauderhaften Gedanken unserer Eintagsgeschichte fügen. Und wenn wir nicht leugnen können, daß der Fels noch immer feststeht und der Leuchtthurm noch immer seinen hellen Schein verbreitet, während unsere Empörung ermüdet, so trösten wir uns darüber, indem wir wähnen, der Fels entferne sich täglich weiter von uns, eben weil er unbeweglich sei und wir vorwärts gingen. O Blindheit des Hochmuths!"

Was sagen und denken wohl die lustigen Schiffsleute

unserer felsenstürmenden Tage zu diesen Gedanken? Sie, die überströmen von Phrasen über die Ohnmacht, Abgelebtheit des Papstthumes, die seit dem Einzuge der Korsen und Garibaldianer in die ewige Stadt, dem Felsen Petri seinen bleibenden Untergang prophezeien — im gleichen Athemzuge aber und mit bekannter Logik alle Gewalten der Erde und alle Geister über und unter derselben anrufen, um dem Schifflein Petri den Todesstoß zu versetzen, da es im Begriffe sei, alle Staaten Europa's zu verschlingen! Sie, diese Eintagsmenschen, die zehnmal in zehn Jahren, wenn es sein muß, „Rock und Haut" wechseln, sie wollen „den Felsen und den Leuchtthurm", die seit fast zwei Jahrtausenden unwandelbar leuchten und feststehen, aus der Welt schaffen mit ihrem „Narrenschiff". Und den Felsen, den bisher Niemand und keine Gewalt zu zertrümmern mochte, der vielmehr, wie der Protestant Theodor Beza gesagt, „der Amboß ist, an dem sich noch alle Hämmer zerschlugen," den wollen sie mit ihren Hiramsschellen und Hiramshämmern zerschlagen und hämmern, wie ein badischer Maurer in dem Abgeordnetenhause der Residenz Karlsruhe, offen gesagt hat, hämmern, „bis die Mauer, welche die Menschheit mit jenem Felsen verbindet, gefallen ist!"

„Zieh', zieh', Hammerschmied laß es tapfer laufen!" — Ich leugne nicht, daß manche unserer Kirchen- und Felsenzertrümmerer die Geschichte dieses Felsens und dieser Kirche kennen. Nein! Sie kennen sie, aber sie haben daraus nichts gelernt und wollen nichts lernen. Der Hochmuth macht sie blind und in dieser Verblendung glauben sie, wenn andere es nicht vermocht, sie seien im Stande es zu vollbringen; ihre Zeit sei die Zeit, wo gelingen würde, was vordem nicht gelang. Und so rennen denn auch sie mit ihren, man kann nicht sagen römischen, sondern antirömischen „Widdern" und „Sturmböcken" gegen den Felsen. Und was richten sie aus? Sie können den Felsen und die Kirche schädigen, sie können mit Raub und Schmach, mit Feuer und Schwert, mit Lüge und Verrath gegen sie kämpfen, können ihr jedes Recht, jede Ehre, jede Würde ausziehen, können ihr Alles nehmen, was nur zu nehmen ist. Eines müssen sie ihr lassen und das ist die Verheißung: Et portae inferi non praevalebunt[1]). "Fest steht," so schrieb einst der Papst Gelasius an den Kaiser Anastasius, "das Firmament Gottes. Man kann dagegen streiten, doch Gott nicht besiegen, seine Anordnungen nicht umstürzen." Die Kämpfe von nahezu anderthalb Jahrtausenden haben an diesen Worten des heiligen Papstes nicht das Mindeste geändert und die „Hammerschmiede" unserer Tage werden daran auch nichts zu ändern im Stande sein.

> Denn sie nit stirbt, nimmer zergat
> Sÿt gott für sie gebettet hat,
> Daß nit sant peters gloub zergang
> Wiewol das schifflein lit vil zwang.
> Groß narren sint drum zwifelson
> Die unserm Glauben widerston.

So vor vier Jahrhunderten Brant. Und welche Stürme sind seitdem, mit der „Wittemberger Losung" beginnend, über den Felsen dahingefahren und noch steht — „die Pyramide des großen Königs!" Und nochmals ein halbes Jahrtausend vorwärts im Strome der Vergänglichkeit und der „Steuermann auf dem Felsen wird abermals mitleidig herabschauen auf die Geburten und Stürme jener Tage." Die Vergangenheit bürgt hier für die Zukunft.

Das ist die stille Gewalt der Kirche, bei deren Betrachtung in ruhigeren Stunden es den Schiffsleuten doch etwas unheimlich werden müßte. Sie hat, diese Kirche Roms, keine siegreichen Heere, keine Kammermajoritäten, keine Diplomaten und keine Großen der Erde auf ihrer Seite, und doch ist sie

---

1) Und die Pforten der Hölle werden sie nicht überwältigen.

unüberwindlich und doch läßt sie sich nicht von den Ruderschlägen des großen Zeitschiffes beugen; und keine Macht der Erde wird im Stande sein, die Kinder dieser Kirche zu vermögen, ihr unter der Bedingung gehorsam zu sein, daß sie vom Felsen der Kirche und von dem, der auf dem Felsen steht, sich trennen. Je mehr die Welt anstürmt gegen Petri Schifflein, um so treuer und fester werden die Gläubigen zu ihm halten, um so größer wird ihre Liebe und Verehrung werden zum Steuermann. Ja, ein Papst als Gefangener, ein Papst geschmäht und beraubt und erniedrigt, ist seinen Feinden viel gefährlicher, als ein Statthalter Christi im vollen Glanze der Tiara.

Was macht das Pontificat Pius IX. so glorreich, wenn nicht seine Kämpfe und seine Leiden? „Crux de cruce[1])", darin liegt die strahlende Begeisterung der katholischen Welt für Pius IX.! Und wie ist dieser herrliche Dulder nicht in seinem Starkmuth, in seiner Unbeugsamkeit ein Bild des Felsens selbst, der allen Stürmen und allen Wettern ruhig gegenüber steht. Während Alles, Hoch und Nieder sich vor den Erfolgen der Politik unserer Diplomaten beugt, ist der arme, gefangene Priestergreis im Vatikan der einzige, der den Großen und Größten unserer Tage zuruft: „Ich darf nicht, ich kann nicht und ich will nicht!" Zwar erfährt der neunte Pius in reichlichem Maße, was der siebente vorausgesagt hat, der eines Tages dem General Miollis, napoleonischen Gouverneur von Rom kurz vor seiner Gefangennahme sagen ließ: „Es ist dem neunzehnten Jahrhundert vorbehalten, Schmach auf Schmach zu häufen, Wunden auf Wunden zu fügen, die Würde des Oberhauptes der Kirche mit Füßen zu treten und gegen Unschuldige und Unterdrückte zu wüthen."

Ob Pius IX. auch noch die Triumphe seiner Kirche schauen wird, wie weit es die Feinde der Kirche in deren Schädig-

---

1) Kreuz vom Kreuze.

ung noch bringen, das weiß Gott allein. Aber was wir wissen und gewiß wissen, das ist die Unzerstörbarkeit des Felsens Petri und die Zertrümmerung des Narrenschiffes unserer Zeit an eben diesem Felsen und im Kampfe mit ihm. So war es zu allen Zeiten und die unserige ist nichts weniger als angelegt, eine Ausnahme zu machen. Es sind jetzt zwanzig Jahre, wenige Jahre nach der Rückkehr Pius IX. aus Gaëta nach Rom, da schrieb der berühmte Franzose August Nicolas: „Die Ereignisse[1]) der eben vergangenen Jahre sind übrigens wieder ein glänzender Beweis gewesen für die unzerstörbare Macht der Kirche und des Papstthumes. Wenn ein Fürst von seinem Throne gestürzt wird, so hat er, wie groß auch immer seine Macht gewesen ist, seinen Stützpunkt verloren; alle seine Hoffnungen schwinden, seine Flucht ist sein Untergang und seine Verbannung wird schnell sein Grab[2]). Mit einem Papste ist es aber nicht so, selbst nicht in unseren entarteten Zeiten. Die Bosheit hat jetzt[3]) abermals von ihren strafwürdigen Unternehmungen gegen die Kirche Erfahrung machen können; es ist ihr vergönnt gewesen, die Kirche in ihrem Mittelpunkt und in ihrem Haupte zu schlagen. Und was hat sie damit erreicht? Was Anderes, als der ganzen Welt klar zu zeigen, daß für den Papst Alles Rom ist, und daß es nirgends auf Erden ein Exil gibt für Den, dem der ganze Erdkreis zugehört. Pius IX. ist nicht weniger in Gaëta Papst gewesen, als im Vatican; oder vielmehr er ist durch sein Unglück wo möglich noch höher gestiegen auf jenem Throne der Verehrung und Liebe der civilisirten Welt, welchen ihm seine Tugenden errichtet haben."

---

1) Der Jahre 1848 und 1849 und die Vertreibung des Papstes aus Rom.
2) Ich brauche wohl kaum an Napoleon III. zu erinnern.
3) Nach 1849.

„Die Zukunft bewahrt vielleicht neue Prüfungen für Pius IX.; es ist möglich, daß Rom in seiner Thorheit ihm nochmals die Unterwürfigkeit verweigert. Aber soviel ist gewiß, daß in einem solchen unsinnigen Kampfe gegen seinen Herrn Rom sich selber die letzten Schläge versetzt, ohne jemals in Pius IX. den Papst zu erreichen, dessen Stuhl heute mehr als jemals, nicht blos die Stadt, sondern die Welt zur Basis hat."

August Nicolas lebt heute noch und sieht seine eben ausgesprochene Ahnung erfüllt, erfüllt aber auch die daran geknüpfte Zuversicht von der Unerreichbarkeit des Papstthumes. Die neuen Prüfungen sind für Pius IX. nicht ausgeblieben, sie sind größer noch als die damaligen, aber größer, unendlich größer auch ist die Liebe und Verehrung der katholischen Welt zum Gefangenen im Vatican. Kaum boten je einmal in der Geschichte der Kirche die Katholiken, Laien, Priester und Bischöfe einen solchen Anblick von Muth, Entschiedenheit und Einmüthigkeit, wie in unseren Tagen. Kaum war je einmal das Bewußtsein ihrer gerechten Sache unter den Katholiken lebendiger und großartiger. Und wem verdanken wir dieses herrliche Schauspiel, diese großartige Bewegung in der katholischen Welt? Antwort: Unseren Feinden und den Decreten des vaticanischen Concils. Ich höre Hohngelächter bei den letzten Worten aus dem Narrenschiffe und das deutet mir den „rechten Klang". Ja, ohne die Decrete der allgemeinen Kirchenversammlung vom 18. Juli im Jahre des Heiles 1870, hätten wir heute diese Entschiedenheit unter den Katholiken nicht! Die Kämpfe wären gekommen, was kein vernünftiger Mensch leugnen wird, der die Sachlage einigermaßen durchdenkt, auch ohne das Vaticanum; aber ohne dasselbe bestünde heute nicht die geordnete kampfesmuthige Phalanx der Katholiken. Jetzt erst sehen wir ein, von welch' eminent providentieller Bedeutung die Definirung der Infallibilität war und wie sehr wir irrten, wenn wir von der Nicht=Opportunität derselben gesprochen haben. Nein, wenn je opportun, so ist es gerade unsere Zeit, die vor allen anderen die Feststellung dieses Dogma's bedurfte. Jetzt, „wo der Geist der Lüge wüthet," wie nie zuvor, jetzt muß und soll die Menschheit wissen, wo Wahrheit ist. Jetzt, wo jede Auctorität bekämpft wird; jetzt mußte sie erst recht festgestellt werden. Jetzt, wo gegen den Felsen alle Macht der Welt anstürmt, jetzt mußte der Schlußstein auf denselben gesetzt werden. „Am 18. Juli 1870," ruft der Protestant Gregorovius, „ist die riesige Pyramide des römischen Papstthums vollendet worden. Als geschichtliches Monument wird sie allen Zeiten sichtbar bleiben, wenn andere noch so große Gestalten der Vergangenheit immer tiefer unter den Gesichtskreis der Menschheit gesunken sind. Wenn sie zugleich das Mausoleum (sic!) für eine nun vergehende Form des Papstthums selber ist (?), so hat die Geschichte nicht Heroentitel genug, um sie auf diese Pyramide zu schreiben, und mit ihnen die weltumfassende Wirksamkeit, die großen schöpferischen Thaten und den unvergänglichen Ruhm der Päpste auch nur annähernd zu bezeichnen. Wenn in einem kommenden Jahrhundert die leidenschaftlichen Kämpfe mit der Hierarchie, in welcher wir noch stehen, erloschen sind, oder wenn die Päpste selbst nur noch Namen und Gestalten der Vergangenheit sein werden (sic!), dann erst wird sich ihrer Erinnerung die volle Bewunderung der Menschheit wieder zuwenden, und ihre lange Reihe wird am Himmel der Culturgeschichte ein System bilden, dessen Glanz alle anderen Reihen von Fürsten und Regenten der Zeiten überstrahlen muß."

Es ist wirklich merkwürdig, wie dieser Herr Gregorovius so helle, lichte Blicke und doch wieder so mausoleenhafte Gedanken zu gleicher Zeit über das Papstthum offenbaren kann! Doch noch merkwürdiger ist unser, der Katholiken Gerede von der Nicht-Opportunität dieser Vollendung „der Pyramide des großen Königs" gewesen, vorab in Deutschland.

O dieses deutsche Denkerthum! das meist nur im „Raisonniren" und nicht im „Studiren und Meditiren" besteht, hat sich hiebei, wie schon so oft, etwas blamirt. Und unter die Blamirten gehöre ich „römischer Germane" selbst, da ich seiner Zeit vor dem 18. Juli auch in das Opportunitäts-Gerede mich einließ und raisonnirte, bis ich ernstlich und tüchtig die Sache studirte und so schon vor dem 18. Juli Infallibilist wurde. Und seitdem ich eingesehen, wie providentiell dieses Dogma gewesen, bin ich sogar dafür — begeistert! Da kann man aber sehen, wie dumm diese Ultramontanen sind, die noch Begeisterung für etwas anderes fühlen, als für die Großthaten des Liberalismus! Und doch hat die Infallibilität die Geister dieser unserer Zeitkrankheit mächtig erregt und aus „tief empörtem Herzen" stöhnen gemacht. Und, seien wir offen — nicht umsonst, denn die vaticanischen Decrete und der Syllabus sind für die Lehren und Grundsätze des Liberalismus ein schwerer Schlag, ein Schlag, von dem sie sich nie mehr vollständig erholen, dem sie unterliegen werden.

Da haben wir ja, höre ich aus dem Zeitschiffe freudige Stimmen, die Staatsgefährlichkeit der Infallibilität, zugestanden aus dem Munde eines der Ultramontanen, die doch bisher hoch und theuer gelobten, es sei dem nicht so. Nur langsam, meine Herren, im Schnellsegler unserer Zeit! Einmal sind die Staaten und der Liberalismus noch nicht identisch, so groß auch die Verwandtschaft zu werden droht; und dann gehört dazu nur die Arroganz der Liberalen, die sich und den Staat, in dem sie eben hausen, stets als zusammenfallende Begriffe erachten, um zu behaupten, was ihnen gefährlich sei, sei es auch dem bestehenden Staatswesen.

Wenn wir es also mit dem Liberalismus an dieser Stelle und im ganzen Buche zu thun haben, so verwahren wir uns ernstlich vor der so beliebten Identificirung. Aber das sagen wir doch frank und frei: Wenn der moderne Staat die Grundsätze des wissenschaftlichen und des vulgären Liberalismus vollständig zu den seinigen macht, dann ist nicht bloß die Infallibilität, sondern die ganze Kirche ihm gefährlich; dann steht und muß sie ihm feindlich gegenüber stehen.

Wenn der Staat als Gottheit Ernst macht mit der Selbstaufopferung Alles dessen, was in seinem Gebiete lebt und schwebt, zum Zweck seiner eigenen Staatsherrlichkeit; wenn der Staat in dieser Selbstvergötterung über die unverletzlichen Schranken der göttlichen Gerechtigkeit hinwegschreitet; wenn er dem Menschengeiste das höchste Ziel seines Strebens, die Aehnlichkeit und beseligende Einheit mit seinem Schöpfer entrücken will — dann ist die katholische Lehre und Kirche eine Todfeindin dieser Gesellschaft. „Denn sie kennt nur einen Gott, oben im Himmel und unten auf Erden nur menschlich beschränkte Anstalten, nicht zur Ausbeutung, sondern zur Hilfe und zum Schutze; nicht zur Willkürherrschaft, sondern zum Dienste der Menschen bestimmt. Ja wir rechnen diese absolute Unverträglichkeit der katholischen Lehre mit dieser Art von Wirthschaft, ihr zum höchsten Verdienste an" [1]).

Ganz ähnlich verhält es sich mit der liberalen Behauptung, die Kirche sei eine Feindin der Freiheit und des Volkswohles. Auch sie ist in gewissem Sinn wahr, wenn nämlich der Liberalismus mit der Definirung dieser Begriffe im Recht ist. Wenn die Freiheit und Wohlfahrt der Menschen darin besteht, daß sie in voller Aufklärung, unbekümmert um Gott und Jenseits dahinleben, dann ist die Kirche eine Feindin der Wohlfahrt und Freiheit. Ist aber ohne Religion und Sittlichkeit weder wahre Freiheit, noch irdische Wohlfahrt möglich, so ist nicht die katholische Lehre, sondern der Liberalismus, der diese Grundpfeiler der menschlichen Gesellschaft untergräbt, der Feind des Volkes und der Frei-

---

[1]) Rieß, Staat und Kirche.

heit und eben deßhalb wird und muß der Liberalismus durch sich selbst zu Grunde gehen.

Aus dieser Begriffsverwirrung — und alle religiösen und politischen Begriffe auf den Kopf zu stellen, ist ja ein Hauptmerkmal des Liberalismus — geht die liberale Behauptung hervor, die katholische Kirche sei staatsgefährlich und die Ultramontanen reichsfeindlich. Und doch gibt es für die Staaten keinen gefährlicheren Gesellen, als eben der Liberalismus; denn er hat bis jetzt alle Staaten, die sich ihm in die Arme warfen, ruinirt; wir erinnern nur an Spanien, Portugal, Mexiko und an die Italia unita[1]), die am Rande der Revolution steht, während in den anderen Ländern sie kaum einmal aufgehört hat, seit der Liberalismus dort eingezogen ist. Und alle Staaten gehen genau von da ab rückwärts, wo sie anfangen, liberal regiert zu werden, und mit dem religiösen Verfall eines Volkes geht der ökonomische Hand in Hand, wie selbst der nicht ultramontane Nationalökonom und weiland Staatsminister Schäffle nachgewiesen hat.

Zwar hat der badische Abgeordnete Diez behauptet, die katholische Kirche habe den Kirchenstaat zu Grunde gerichtet, und that sich der Mann auf diesen „Witz" viel zu Gut. Soviel ich nun weiß, ist der genannte Herr aus der Stadt Mannheim, und sein Witz ungefähr so wahr, wie wenn man sagen wollte, Herr Diez habe Mannheim gegründet, weil er einige Zeit dort gewohnt hat. Die Logik ist in beiden Fällen so ziemlich die gleiche. Wenn es sich an irgend einem Staat haarklein nachweisen läßt, daß er vom Liberalismus, oder wie seine Träger in Italien heißen, von den Carbonari's, Mazzinisten, Garibaldianern ruinirt worden sei, so ist es gerade der Kirchenstaat. Und daß es ihnen nicht gelang, mit dem Lande auch das Papstthum aus der Welt zu schaffen, ist ja dieser und anderer Leute diesseits der Berge größter

---

1) Das geeinigte Italien.

Kummer. Nun, Länder hat der Liberalismus schon mehr als eines fertig gebracht und wird noch mehr als eines fertig bringen, das Papstthum aber wird den „Staatenfresser" überleben, von wegen — des Felsens.

Aus dem eben Gesagten ist auch die Wahrheit jener bekannten liberalen Lüge, die Ultramontanen seien vaterlandslos, zu bemessen. Warum nennt man uns vaterlandslos? „weil wir wehren und kämpfen, daß der Liberalismus im Vaterland nicht Meister wird, damit er dasselbe nicht zu Grunde richte und uns so in der That „vaterlandslos" mache." Vaterlandslos und international ist der Liberalismus, weil er „in allen Landen umfährt", um zu suchen, „wen er verschlinge." Die katholische Kirche aber, sie ist die Mutter aller Staaten, aller civilisirten Völker und namentlich des deutschen Reiches. „Das Reich der Germanen," sagt einmal Heinrich Leo, „wurde gegründet auf dem Forum in Rom, als Papst Gregor der Große, beim Anblick angelsächsischer Jünglinge, die Bekehrung Britaniens beschloß, von wo aus Germanien christianisirt wurde." Sollen wir darum „Vaterlandslose" heißen, weil wir diese große Gründerin und Erhalterin aller christlichen Staaten mehr lieben, als den Staatenverderber Liberalismus!? Wir Katholiken lieben die Heimath unserer Väter treu und fest, entschlossen, wie jeder Freund seines Vaterlands, Gut und Blut einzusetzen für seine Existenz, gewillt, jeder Obrigkeit, als von Gott gesetzt „in allem, was christlich und recht ist" zu gehorchen. Nur verlange man von uns nicht, daß wir über dem deutschen Reiche, das Reich Gottes vergessen und treulos werden an unserer Mutter, der Kirche, und sie stillschweigend vom Liberalismus behandeln lassen, wie eine heimathlose Bettlerin! Treu dem Vaterlande, dem wir entsprossen, aber auch treu, unerschütterlich treu der Mutter, die uns wiedergeboren für ein ewiges Reich — das ist unsere Losung!

Man wird die Söhne der katholischen Kirche treffen in

den Reihen der Krieger, wenn es gilt, dem Feinde zu wehren von Außenher, und es wird kein Opfer gescheut werden von katholischer Seite, wenn es gilt, „Vaterlandsliebe" zu zeigen — aber man wird uns auch auf den Mauern finden, wenn es gilt, gegen den inneren Feind unseren Glauben und unsere Kirche zu vertheidigen. Darum sind wir aber nicht vaterlandslos, wir sind nur nicht confessionslos und religionslos wie der Liberalismus!

Doch, da mag man sagen, was man will, wir bleiben eben die „Vaterlandslosen", vom Liberalismus Geächteten, und jeder Lump darf grund- und beweislos uns so nennen. Muth gehört wahrlich dazu unendlich wenig, über die Ultramontanen und Vaterlandslosen zu schimpfen, aber es ist ja fast die einzige Sorte von Muth, die der Liberalismus entwickelt. Buchstäblich wahr ist jetzt noch, nur in viel weiterem Umfang, was der protestantische, jetzt auch nationalliberal gewordene, Geschichtschreiber Menzel über die Liberalen in Baden unter Großherzog Ludwig sagt: „Die Liberalen schienen in dem Maße, in welchem sie selbst von der Staatsgewalt in allen politischen Fragen gedemüthigt wurden, sich an der Kirche zu erholen und wetteiferten mit dem Ministerium in Verfolgung der Kirche und Unterwühlung des Volksglaubens."

Wir haben diesen Worten nichts beizufügen.

Eine andere ebenso geistreiche, als boshafte Behauptung ist die vom Bündniß der Ultramontanen und Internationalen. Weil beide den Liberalismus nicht lieben, müssen beide verbündet sein, lautet der liberale Schluß. Ist das aber Logik, so können wir genau also schließen: Weil die Internationalen und die Liberalen die katholische Kirche hassen, sind sie enge liirt. Die Gründe, warum Schwarze und Rothe den Liberalismus bekämpfen, sind so verschieden und liegen so weit auseinander als diese beiden Parteien selbst. Jene wehren sich gegen den „Fortschritt" des Liberalismus, weil er ihnen ihre kirchlichen Rechte und ihren Glauben verkümmert, diese, weil sie behaupten, er schnüre ihnen den Magen zu. Da ist denn doch die Verwandtschaft zwischen „Roth und Roth" viel stärker; denn beiden ist aus fast gleichen Gründen die Kirche ein Dorn im Auge.

Auch David Strauß, in religiösen Dingen Nihilist, ergo in politischen liberal, nimmt in seiner neuesten Schrift ebenfalls Notiz von dieser „Brüderschaft" zwischen Schwarz und Roth, und er drückt sich darüber in einer so niedlichen Phrase aus, die uns wirklich gefreut hat: „Einzig," sagt David, „in ihrer natürlichen nationalen Gliederung vermag die Menschheit dem Ziele ihrer Bestimmung näher zu kommen; wer diese Gliederung verschmäht (?), wer ohne Pietät für das Nationale ist, den dürfen wir durch ein hic niger est bezeichnen, ob er die schwarze Kappe oder die rothe Mütze trage."

Die Heimath der Ultramontanen, meint Strauß weiter, mögen sie in Deutsch- oder Welschland, in England oder Amerika wohnen, sei im Vatican. Die Heimath von David Strauß aber und seiner liberalen Anhänger ist im Urschleim, im „Bathybius" des Engländers Huxley und in den Häckel'schen „Moneren", was auch eine schöne internationale Gegend sein soll. Fürwahr es liegt viel, unendlich viel Humor in den Phrasen der Gegner der Kirche und bei allem Unmuth, dessen man sich oft nicht erwehren kann, erheitern diese Leute einem wieder manche Stunde beim Lesen und Betrachten ihrer Wortspiele und ihrer logischen Kunststücke. —

Aber was geht aus all diesem Gebahren gegen die katholische Kirche und gegen die Ultramontanen hervor? Das Zeugniß von dem Bewußtsein ihrer Gegner, daß ihnen der „Fels" im Wege steht, daß diese katholische Kirche und ihr Oberhaupt allein noch der Vollendung der liberalen Wünsche hemmend entgegentritt; das Bewußtsein, daß die „Infame" eben nicht aus der Welt zu schaffen ist; das Imponirende „der Pyramide des großen Königs"; das Ueberwältigende, das in der Geschichte des Papstthumes liegt; die Angst und das bange Gefühl, das Schiff könnte schließlich doch am „Felsen" scheitern — das ist's, was die Feinde so grimmig macht, was sie jede Rücksicht oft vergessen läßt, was sie aber auch blind macht, daß sie das Ende nicht sehen, nicht sehen den Abgrund, dem sie zusteuern.

Es wird noch Vieles versucht werden, um den Liberalismus zu retten, und was die Schädigung der Kirche in ihrer Auctorität und Wirksamkeit für die nächste Zukunft betrifft, so theile ich die Ansicht Brant's, wenn er sagt:

> Min sorg ist, wir verlieren meh'
> Und daß es uns noch übler geh'.

Aber ebenso fest steht mir die volle Ueberzeugung, daß der Fels schließlich siegt, das „Narrenschiff" unserer Zeit aber kläglich endigt, kläglich endigen muß.

Und indem ich meine Gedanken über dieses Ende in einem neuen Abschnitt beginne, schließe ich diesen mit den Worten des heiligen Hilarius von Poitiers:

„Hoc habet proprium ecclesia: Dum persequitur, floret; dum opprimitur, crescit; dum contemnitur, proficit; dum laeditur, vincit; dum arguitur, intelligit; tunc stat, cum superari videtur[1]).

---

[1]) Das ist gerade der Kirche eigen: wenn sie verfolgt wird, blüht sie; wenn sie unterdrückt wird, wächst sie; wenn sie verachtet wird, macht sie Fortschritte; wenn sie Wunden empfängt, siegt sie; wenn sie angeschuldigt wird, gewinnt sie an Klarheit; gerade da steht sie am festesten, wenn man glaubt, ihrer Herr zu sein.

IV.
Des „Narrenschiffes" Ende.

Als während der letzten badischen Kammerverhandlungen der demokratische Abgeordnete Eller, ein Ehrenmann, der seitdem den Weg der ewigen Zukunft angetreten, behauptete, die Zukunft gehöre der Demokratie, da erwiederte ihm der nationalliberale Volksvertreter Gerwig, der zur Zeit als Oberingenieur einstweilen die Felsen am St. Gotthard sprengt, die Zukunft möge seinetwegen den Demokraten und die Vergangenheit den Ultramontanen sein, die Gegenwart aber, die gehöre dem Liberalismus. Und wir können nicht leugnen, der Mann hatte nicht unrecht, wenn er diese Meinung aussprach. Unsere Tage sind in der That des Liberalismus Tage, er beherrscht unsere Zeit, sein ist die Gegenwart und er läßt sich das „Carpe diem"[1]) des Horatius nicht zweimal sagen, er verwerthet seine Zeit besser, als eine andere Partei die Vergangenheit benützt hat. Aber die Hast und die Eile, mit der der Liberalismus seine Herrschaft geltend zu machen, mit der er Alles an sich zu reißen sucht, die verräth uns den Instinct desselben, oder richtiger gesagt, seine Ahnung, daß er nicht ewig dauere, daß die Zukunft ihm möglicherweise entrissen werde.

> Wir sitzen so fröhlich beisammen
> Und haben einander so lieb,
> O, daß es doch immer so blieb.

---

1) Benütze die Zeit.

In diesen Worten des bekannten Volksliedes liegt die Ahnung des Liberalismus und die elegische Stimmung, welche ihn bisweilen durchfährt und ihn antreibt, schnell noch den Ossa auf den Helikon zu thürmen, um das Land „Narragun", seinen Olymp zu erreichen; oder unter einem andern Bilde: alle Segel des Narrenschiffes aufzuziehen, um über den Felsen hinaus oder doch an dem Felsen vorbeizukommen.

So segelt sie denn her, die unüberwindliche Flotte, und wer denkt nicht an Schiller's Armada?:

>Sie kömmt — sie kömmt, die stolze Flotte,
>Das Weltmeer wimmert unter ihr
>Mit Kettenklang und einem neuen Gotte
>Und tausend Phrasen naht sie dir.

>Dir gegenüber steht sie da,
>Glückſel'ge Insel — Herrscherin im Meere,
>Dir drohen diese Gallionenheere
>Du Gottes Braut, Ecclesia¹).

>Gott, der Allmächtige, sah herab,
>Sah deines Feindes stolze Flaggen wehen

>— — — — — — —
>— — — — —

>Nie, rief er, soll der Freiheit Paradies
>Der Menschenwürde starker Schirm verschwinden:
>Gott der Allmächtige blies,
>Und die Narrada flog nach allen Winden.

Im Schiffe aber tönt's jetzt noch: Gaudeamus omnes!, man fährt lustig hin und her, denkt an alles eher, als an einen Schiffbruch. Und doch geht unsere Zeit einer furchtbaren Katastrophe entgegen, wenn mit den Grundsätzen des Liberalismus weiter gegangen wird; und es hat keinen Anschein, als wollte man Einhalt thun, im Gegentheil! Die unbedingte Hingabe aber an den Liberalismus und seine

---

1) Kirche.

Kirchenstürmerei, sie muß verderblich endigen, wie seit achtzehn Jahrhunderten alle Verfolgungen der Kirche gegen ihre Feinde ausgeschlagen haben, und wie das Verlassen der christlich socialen Ordnung stets zur Revolution geführt hat. So geschah es, als vor hundert Jahren in Frankreich die heutigen Grundsätze in's Leben traten und so wird es wieder geschehen — nur fürchten wir, viel schlimmer, da Brand und Zündstoff viel mehr angehäuft wird und ist als damals. Jene Grundsätze sind viel allgemeiner geworden. Die einzige Anstalt, die dieses Verderben hätte abwenden können, sie wird Schritt für Schritt lahm gelegt und dadurch jede Autorität auf's Empfindlichste verletzt und geschädiget. Die modernen Staaten suchen ihr Heil in drei Dingen: in der Verwaltung, in den Finanzen und in der Armee; aber diese Stützen zerbrechen wie morsches Rohr, wenn die Autorität und mit der Religion den Völkern das Gewissen fehlt. Die Kirche hat nichts zu fürchten für ihre Existenz, sie ist ihr sichtbar verbürgt durch alle seitherigen Kämpfe; der Kampf gegen sie wird nur zum Unheil ihren Feinden.

Wer wälzt ein Stein uff in die Höh',
Uff den fällt er und thut ihm weh'.

So war's zu allen Zeiten, so wird es in der unserigen sein; wenn wir auch die Stunde nicht wissen, wo der göttliche Leiter seiner Kirche sein „Non dum"[1] zurückzieht. Aber das ist unschwer vorauszusehen, daß je mehr und je schneller man daran geht und je gewaltsamer man die christliche Basis der Gesellschaft untergräbt, um so eher wird die Katastrophe hereinbrechen. Aber die Menschen in unserem Zeitschiffe sehen nicht und wollen nicht sehen, sie reißen selbst Planke um Planke weg, die sie von der verderblichen Fluth trennt, und nennen das — Fortschritt. Brant sagt hierüber ganz trefflich:

Sie netzen ihr papiern schiff
Ein jeder etwas rißt darab

---
[1] Noch nicht.

> Daß es best' mynder bord meh' hab;
> Ruder und rhemen nimbt davon
> Daß es best' eh mög untergon.

Aber dieser Geist herrscht fast überall in den Staaten Europa's und selbst drüben in Asien beginnt der „kranke Mann" am Bosporus sich mit Liberalismus vollends „zu Tod zu curiren" — und unwillkührlich ruft jeder ruhig Denkende aus: „Wo soll das enden? So kann es nicht fortgehen!"

Am meisten sind diese Zustände zu bedauern im neuen deutschen Reiche, wo der Liberalismus fast mehr denn irgendwo seine Früchte bringt und in dem durch große Siege groß gewordenen Volke durch fortgesetzte Schläge gegen die Kirche den Frieden stört und so des Reiches Zukunft bedroht. Schon Sebastian Brant ahnte in jenen Vorkämpfen gegen die katholische Kirche, die dem Abfall im sechzehnten Jahrhundert vorangingen, den Ruin des deutschen Reiches:

> Der tütschen Lob war hochgeehrt,
> Und hat erworben durch solch rum,
> Daß man ihnen gab das kaisertum.
> Aber die tütschen flyssen sich
> Wie sie vernychten selbst ihr rich.

Aber die Katholiken und ihre Kirche sind wahrlich nicht die Störenfriede, sie sind nicht die Feinde des Reiches, wie wir oben schon dargethan, sie können in Unschuld ihre Hände waschen, mag kommen, was da will! Jene, die im Jahre 1849 die Staaten stürzen wollten, jene gelten jetzt als die besten Stützen derselben. Qui vivra, verra![1)]

„Wer den Bock zum Gärtner macht", hat bekanntlich nie große Erfolge für den Garten erzielt.

Vom alten Sohne der Gäa und des Uranos, Chronos erzählt man, er habe seine eigenen Kinder verschlungen; bei unserem Zeitgotte Liberalismus ist es umgekehrt, er wird von seinen eigenen Kindern verzehrt. Seine eigensten

---

1) Wer's erlebt, wird's sehen.

Grundsätze und deren Verwirklichung sind sein schließliches Ende. Schon pocht sein „rothhaariger wilder Sohn" an der Thüre des Vaters, um ihm den Garaus zu machen und sein Erbtheil zu holen. Als der Socialdemokrat Bebel im deutschen Reichstage drohte, es werde die Zeit kommen, wo es heiße: „Mache deine Rechnung mit dem Himmel Vogt," da empfing ihn das Hohngelächter der Liberalen und — doch lag leider nur zu viel Wahrheit in jenen Drohworten. Zwar droht die sociale Gefahr auch der Kirche, denn jene Menschen, denen der Liberalismus jeden Glauben entzogen, wollen von der Anstalt, die den Glauben und das Gewissen predigt, ebenfalls nichts wissen — sie hassen sie, weil sie einen ewigen Richter und Vergelter verkündiget. Aber das ist der große Unterschied in diesem Kampfe: Der Liberalismus wird sein Gericht und Ende finden:

Der windt der trybt es uff und nyder
Das narrenschiff kommt nymher wyder;

die Kirche aber wird aus der Katastrophe siegreich hervorgehen, anerkannt von allen denen, die aus dem Schiffbruch sich gerettet, als die einzige Retterin der Gesellschaft.

Und das Papstthum? Wird eben, wie seit allen Fluthen, die über die Welt hingingen und seit allen Revolutionen, in die es mehr oder weniger hineingezogen war, dastehen wie die „Pyramide des großen Königs" nach der Sündfluth.

Auf dem Bilde, das dem Kapitel 103 in Brant's Narrenschiff vorhergeht, ist des Schiffes Untergang also dargestellt: Das Narrenschiff ist umgestürzt, Bücher und Narren schwimmen ertrinkend umher. Auf dem noch aus dem Wasser ragenden Kiele des Narrenschiffes sitzt wie auf einem Regenbogen der Antichrist mit einem Geldbeutel in der einen, einer Geißel in der andern Hand, neben ihm eine Narrenkappe. Ein Teufel fliegt ihm zur Seite und bläst ihm mit einem Blasbalge in's Ohr, während er einen Mann mit den Augen zu verschlingen droht, der auf einem Nachen sich dem Schiffe nähert, und mit einer Axt dasselbe zertrümmern will. Vorne auf einer Insel steht St. Peter und holt mit seinem Schlüssel ein Schiff mit fünf frommen Männern heran.

Also Untergang des Schiffes und Rettung durch St. Peter ist des Bildes kurzer Sinn, der sich auch in unserer Zeit wiederholen wird. Einstweilen aber wird man ausgelacht, wenn man die Kirche als Retterin der Menschheit hinstellt, und eher soll Alles zu Grunde gehen, als daß man bei ihr sich Raths erholte.

> Man mag gleich viel von narren schreiben
> Die meisten werden doch so bleiben;
> Sie hieben eh' den mast entzwey
> Nur daß die zunft beysammen sey.
> Doch würd' St. Peter welche retten
> Wann sie zu ihm vertrauen hätten.

Buchstäblich wahr diese Worte unseres Brant! Eher haut man „den Mast entzwei", als daß man an den Frieden mit der Kirche denkt, und eher soll der Feind siegen, als daß man die Kirche ruft zur Rettung vor Schiffbruch. Noch mehr, sie, die einzige Helferin, sie soll verdrängt werden, ihr will man die Grube graben, in die man schließlich selbst hineinfällt und darum wird allenthalben in Europa der liberale Kreuzzug gepredigt gegen Kreuz und Kirche. Siegesstolz steht der Liberalismus auf seines Schiffes Planken und singt sein Gaudeamus und von allen Seiten tönt das „écrasez l'infame"[1] wie vor der französischen — Revolution.

Doch tönen in dieses Freuden- und Allarmgeschrei bisweilen Stimmen, die uns verrathen, daß noch ein schön Stück Arbeit zu thun sei, bis Kirche und Papstthum zu den Besiegten gehören. So schrieb dieser Tage die bekannte Spener'sche Zeitung über die Lage Italiens folgende sehr beherzigenswerthe Worte: „Wir gehören nicht zu Denjenigen,

---

[1] Zerschmettert die Infame (d. i. die katholische Kirche).

welche glauben, Italien habe seine Aufgabe gelöst, und zumal seiner auswärtigen Politik bliebe nichts Anderes mehr zu thun übrig, als sich zu freuen, daß kein auswärtiger Staat gegen die Occupation Rom's und die Entthronung des Papstes Einspruch erhoben hat. Diese von Herrn Visconti-Venosta mit so viel Emphase kundgegebene Freude dünkt uns höchst naiv [1]), obwohl sie vielleicht gerade sehr schlau sein soll [2]). Die Politik des Pfaues, der den Kopf unter die Flügel steckt (aha!), damit er die drohende Gefahr nicht sehe, wendet keine Gefahr ab. Den von dem italienischen Minister zur Schau getragenen Optimismus finden wir durchaus unbegründet. Wir sind überzeugt, daß dem neuen Italien die Kämpfe, die es, vom Glücke [3]) begünstigt, für seine Freiheit und Einheit nicht, oder nur in sehr unzulänglichem Maße geführt hat, nicht erspart bleiben werden. Wir sind überzeugt, daß das große geschichtliche Drama, welches sich abspielt zwischen Italien und dem Papstthum, zwischen der katholischen Kirche und dem modernen Staat, noch nicht zu Ende ist, und daß Italien alle seine Kräfte brauchen wird, um den Sieg, den es heute nur erst halb und unsicher sein nennt, völlig und endgiltig zu gewinnen."

Der Berliner Offiziöse, der hier zu sprechen scheint, schwächt in dieser Ausführung die liberale Siegesgewißheit nicht unbedeutend ab, spricht von „drohender Gefahr" für Italien im Kampfe mit dem Papstthum und nennt seinen Sieg, trotzdem Rom und das ganze Land sein ist und das deutsche Reich sein Bundesgenosse, nur einen halben und unsicheren. Wenn er sodann das Drama noch nicht zu Ende glaubt, so darf er Italien dazu nur Glück wünschen, denn wenn es einmal zu Ende sein wird, dieses Drama zwischen der katholischen Kirche und dem modernen Staat,

---

1) Den Ultramontanen auch. — 2) Das dünkt uns schon weniger. — 3) Und einigen anderen modernen Staaten.

dann dürfte vom heutigen Italien kaum mehr viel vorhanden sein. Es wird deßhalb auch kaum mehr der Mühe werth sein, dem Pfau den Kopf noch für einige Zeit unter den Flügeln hervorzuscheuchen, er wird sein Schicksal bald erfüllt haben, so oder so.

Es geht Canossa zu, mein lieber Berliner, und so wenig sie es glaubt die Welt des modernen Staates und so sehr es auch der große Varziner betont hat: Wir gehen nicht nach Canossa! — diesmal hat er sicher falsch prophezeit. Und wenn er auch nicht im Schloßhofe drei Tage und drei Nächte im Bußgewande der Aussöhnung mit der Kirche harrt, und wenn Fürst Bismarck es überhaupt nicht mehr erleben sollte und er und Tausende es erst im Fegfeuer durch den „Einsiedler" erfahren, so kommt doch der Tag und die Stunde, wo die Grundsätze des Liberalismus kläglich zu Grunde gehen und die Menschheit sich dorthin wendet, wohin der Allmächtige sie gewiesen, zu seiner Kirche, zu seinem Statthalter auf Erden — nach Canossa!

Ja die Zukunft, sie gehört nicht dem Liberalismus, die Zukunft, ich schreibe es unter dem Hohngelächter der Schiffsleute, sie gehört dem — Syllabus! Dieser Syllabus, der hat die Eiterbeule, mit der der Liberalismus die Welt angefressen, aufgeschnitten, er wird die Wunde ausbrennen und heilen. Darum auch das Toben der Neuheiden gegen ihn, weil sie richtig erkannt haben, daß die Durchführung jener Sätze ihrer liberalen Herrschaft Ende sei. Und in der Todesangst vor diesem Syllabus ist auch der Grund zu suchen, warum der Liberalismus so gewaltige Anstrengungen gegen Rom und die Kirche macht. Es sind, wie ein geistreicher Mann in einer Broschüre[1] vor zwei Jahren sagte, das „seine Todeszuckungen, die fratzenhaften Verzerrungen eines im gräßlichsten Fieberparoxismus Verscheidenden."

---

1) „Wo ist Europa's Zukunft?"

Zwar wird dieser Todeskampf ein verschiedener sein und in dem einen Staat früher, in dem andern später eintreten, je nachdem der Liberalismus schon längere oder kürzere Zeit sein Handwerk darin getrieben hat. Wo er schon lange am Staatskörper zehrt, steht sein baldiges Ende bevor; wo er seine Aufgabe, die da ist die Auflösung aller bestehenden Verhältnisse, erst begonnen, da wird er voraussichtlich noch etwas länger mit dem Tode ringen.

Das Köstlichste aber bei diesem Tödtentanz des Liberalismus ist der Paroxismus, in dem er lebt und meint, statt seiner sei Kirche und Papstthum am Sterben und die Ultramontanen stünden auf dem „Narrenschiffe unserer Zeit". Man kann von dieser fixen Idee der Sterbenden jeden Tag lesen und hören und weil sie fast täglich ein Stück Recht an der Kirche herunterreißen, glauben sie um so mehr an den endlichen Abbruch und Ruin derselben; sehen aber nicht ein, weil sie aus der Geschichte der Verfolgungen der Kirche nichts gelernt haben und nichts lernen wollen, daß sie das Fundament der „großen Pyramide" nie erreichen, sondern nur ihre eigenen Fundamente untergraben. So wird der Liberalismus sein eigener Todtengräber.

Es ist ein altes Wort, das da sagt: „Hochmuth kommt vor dem Falle," und dieses alte Wort wird sich auch am Liberalismus, der vor Ueppigkeit gar nicht mehr weiß, was er alles noch in Scene setzen will, bewähren. Ein stolzes Geschlecht um unsere Liberalen, und jeder Bauer, der zum Liberalismus schwört, zählt sich zu den „domini terrarum"[1]) und sieht mit Verachtung auf das schwarze Völklein der Ultramontanen, diese Todtengräber der „Bildung" und des „Fortschritts". Ich muß offen gestehen, ich mißgönne den Leuten ihre Freude nicht, unsereinen zu verachten, und ich habe stets ein inneres Vergnügen, zu bemerken, wie die

---

1) Herren der Erde.

Vollblut-Liberalen grimmig verächtlichen Blickes so einen „bornirten Schwarzen" ansehen, wie wenn der noch froh sein müßte, daß er noch Licht und Luft theilen darf mit Jenen, die auf der Höhe der Zeit stehen.

Aber er darf auch stolz sein der Liberalismus, denn er ist ja das Schoßkind unserer Zeit, und überall, selbst in den Palästen der Großen, wo der Proletarier früher verachtet war, ist er ein gerne gesehener Gast. Er macht Carrière trotz einem, und alle Ehrenstellen und Ehrenämter sind ihm offen. Alle Künste: Malerei, Sculptur, Musik, Schauspiel, vorzugsweise aber die Seiltänzerei, sind dem Glückskinde zu lieb liberal geworden: Kaulbach, der große Aesthetiker, malt ihm seine Bilder, stellt ihm zu Ehren den Ultramontanismus als Carrikatur an die Schaufenster der Kunsthändler und warnt in blutigen Zügen das „gebültete Publikum" vor der Wiederkehr der Inquisition. Richard Wagner, der Töne Meister, widmet ihm seine Saiten und baut der liberal gewordenen Thalia einen nationalen Riesentempel für die — Zukunftsmusik!

Nur möchten wir dem Maestro rathen, seine Musik umzutaufen, und sie Gegenwartsmusik zu nennen, da die Musik der liberalen Zukunft eine wüste Symphonie abgeben dürfte.

Die Komik auf unseren Brettern macht ihre besten Witze ihm zu Ehren und der Berliner Comödiant Helmerding ist nicht der einzige Satyriker, der ihm dient; wenn er bis jetzt auch der einzige war, der bei Otto gespeist hat. Die Zahl der liberalen Seiltänzer aber ist Legion, nicht zu gedenken der unzählbaren Schaar von „Sauhirten", Speichelleckern, Bauchkriechern und Cautschouk-Männern, die alle am Karren des Liberalismus ziehen und vom Winde leben, der von seinem Schiffe bläst.

„So leben wir, so wandeln wir beglückt"

citirt Strauß, der noch dazu seine Religion abgibt — die gar keine ist, was aber zu einem „fübölen Leben", wie der

Wiener sagt, und wie es der Liberalismus gerne führt, nothwendig gehört.

Kein Wunder darum, wenn es so lustig hergeht im „Narrenschiffe unserer Zeit" und das „Gaudeamus omnes" frischweg über See tönt. Jetzt muß gesungen werden; denn wer weiß wie lang es noch geht, bis vom Liberalismus die Verse Brant's gelten:

> Er wird Gesellschaft fynden gering
> Mit der er „gaudeamus" sing'.

Denn „es kann ja nicht immer so bleiben, hier unter dem wechselnden Mond", der ohnehin viel Einfluß auf Narrenschiffe haben soll! —

> Wir fahren umb . . .
> Bis uns die Felsen an das schiff
> Zu beiden Sitten gent eyn büff.

In diesen Worten Brant's, des ersten Constructeurs des Narrenschiffes, ist dasselbe gesagt, was der große Otto über das Schicksal des „Narrenschiffes" unserer Zeit prophezeit hat: Es wird scheitern am Felsen — am Felsen der Kirche. Der Fels aber und die Kirche, sie werden den Rettungs= anker auswerfen in die sinkende Menschheit, das verachtete Kreuz des Erlösers wird umfaßt werden als das einzig rettende Holz im großen Schiffbruche; Fürsten und Völker, lechzend nach Ruhe und Frieden, werden einziehen in die ewig junge apostolische Kirche und zu dem Statthalter Dessen, der für alle Menschen und für alle Zeiten „der Weg, die Wahrheit und das Leben" ist und der seine Menschenkinder stets wieder auf diesen Weg zurückführt, wenn sie davon abgeirrt waren, zurückführt strafend — aber rettend. — Wir schließen mit den Worten eines christlichen Staats= mannes[1] unserer Tage: „Die katholische Kirche, welche man schwächen und unterdrücken will, wird, wie immer, aus

---

1) Dechamps in seiner neusten Broschüre.

diesem Kampfe geeinigter und mächtiger hervorgehen; der Protestantismus, in dessen Namen man die religiöse Verfolgung in's Werk setzt, wird dadurch tödtlich verwundet werden und seine Auflösung beschleunigt sehen; der falsche Liberalismus, der intolerant und verfolgungssüchtig geworden, wird entlarvt werden, und alle Freunde einer vernünftigen und aufrichtigen Freiheit werden sich mit der Verfolgten aussöhnen, mit dieser großen, katholischen Kirche, welche immer eine streitende, immer eine angefeindete, zu Zeiten eine leidende ist, aber schließlich immer aus den Prüfungen, welche sie erneuern, reinigen und stärken, triumphirend hervorgeht. Man wird einsehen, daß sie bei solchen Kämpfen, wie derjenige, den sie in Deutschland soeben besteht, für die Freiheit des menschlichen Gewissens streitet."

V.
Nachwort.

Da ein „Narrenschiff" auch etwas Besonderes haben muß, so hängen wir demselben statt eines Vorwortes ein kurzes Nachwort an, ehe wir es von Stappel lassen — um anzurennen.

Wer heut zu Tage anders öffentlich zu reden und zu schreiben beliebt, als es die herrschende Tagesmeinung will und wünscht, der muß sich darauf gefaßt machen, in ein Wespennest zu stechen und demgemäß behandelt zu werden. Dies wird gleichwohl keinen von uns abhalten dürfen, in dem großen Parteikampfe um unsere heiligsten und größten Interessen, muthig mit Schrift und Wort dareinzuschlagen. Und da wir speciell schon mehr denn einmal gegen den Liberalismus und seine Grundsätze zu Felde zu ziehen uns erkühnt und deßhalb gegen die Wespenstiche seiner „Sauhirten" bereits eine horndicke Haut haben, so werden wir uns um so weniger bedenken, dem „Goliath" abermals ein paar Steine auf den Leib zu werfen und sein Thun und Treiben uns gegenüber zu geißeln. Nur ein Wort wollen wir diesmal noch nachschicken, weil wir unser Zeitbild manchmal etwas derb und mit unzartem Pinsel bemalt haben:

Es ist uns in vorliegender Schrift, gemäß dem Geiste der katholischen Kirche, die nie die Menschen, sondern nur die schlechten Grundsätze derselben verdammt, nirgends darum zu thun gewesen, aus den liberalen Menschen unserer Tage „Narren" zu machen, sondern unser Zweck war, unter dem vom großen Otto wiederbelebten Bilde des „Narrenschiffes" die dem Staat und der Kirche gleich verderblichen Grundsätze und Lehren unseres falschen Liberalismus vorzuführen und das Bild Bismarcks etwas näher zu illustriren. Wir hatten hiebei auch nicht ausschließlich den Liberalismus im Auge, wie er eben jetzt im deutschen Reiche sich breit macht und mit der katholischen Kirche umgeht; auch sein „Umfahren in allen Landen" war damit gemeint; die gesammte kirchenfeindliche Zeitströmung, wie sie in allen modernen Staaten, hier mehr, dort weniger, zum Ausdrucke gelangt.

Wenn wir dabei bisweilen etwas bitter geworden sind und scharf gezeichnet haben, so kömmt es wohl daher, weil das, was man täglich vor Augen sieht und sehen muß, mehr als in ruhigeren Zeiten an das Wort des Horaz erinnert: difficile est, satyram non scribere [1]), und Manchem zu galligen Worten die Feder in die Hände drückt.

Und dann ist in unseren Tagen leider Alles Partei geworden, scharfe und schroffe Partei, und je gespannter der Parteikampf, um so gespitzter werden auch die Federn auf beiden Seiten. Verantworten aber mag dies jene Partei, die Alles, Kirche und Staat, Gott und Glaube auf dieses Schlachtfeld gezogen und uns so gezwungen hat, dem Feinde auf ein Feld zu folgen, das sonst nicht das unserige war. Soviel zur Klarstellung!

Im Uebrigen halten wir es vollständig mit Sebastian Brant, der bei der zweiten Ausgabe seines Narrenschiffes sagt:

> Ich bin gar oft gerennet an,
> Wil ich dies schiff gezymbret [2]) han.
> Wenn ich mich hätt' gekehrt daran,
> Ich müßt beim größten narren stan,
> Den ich in minem schiffe han.

---

1) Es ist schwer, darüber keine Satyre zu schreiben. — 2) Gezimmert.